AF206060

Bibliografische Information der Deutschen Nationalbibliothek:
Die Deutsche Nationalbibliothek verzeichnet diese Publikation in der Deutschen Nationalbibliografie; detaillierte bibliografische Daten sind im Internet über http://dnb.dnb.de abrufbar.

Dezember 2017
© 2017 Sediqheh Jafari

Kontakt zur Autorin:
Sediqheh.Jafari@gmx.net

Herstellung und Verlag: BoD – Books on Demand, Norderstedt

ISBN 978-3-7460-4833-8

Dieses Buch widme ich von Herzen meinem unvergessenen Opa Gholamsarwar, meinen geliebten Eltern
Khadijeh und Gholamnabi, meinen herzensguten Schwestern Saleheh und Sakinah und meiner kleinen Nichte Yos-
ra-Sophia.

Ich bin so dankbar, dass ihr meine Familie seid, ich mich
immer auf Euch verlassen kann und ich Euch habe!

Dank möchte ich allen Freunden sagen die mich bisher in
meinem Leben begleitet haben und mir hilfreich zur Seite
standen.

Bedanken möchte ich mich bei Udo Bauch, der mich zur
Herausgabe dieses Buches überhaupt erst ermutigt hat
und der meinen Text für dieses Büchlein mühevoll redi-
giert hat.

Sediqheh Jafari-kam nach Deutschland-kämpfte-hoffte und fand eine neue Heimat

Im vorliegenden Buch beschreibt die seit 18 Jahren in Hamburg lebende 28. jährige Sediqheh Jafari in sehr eindrucksvoller Weise ihre schrecklichen und schwer traumatisierenden Erlebnisse ihrer Flucht aus dem Kriegsgebiet Afghanistan in das sichere Deutschland. Neben ihrer ausführlichen Schilderungen ihrer dreimonatigen Flucht mit ihrer Familie berichtet sie über ihren schweren Weg zu einer erfolgreichen Integration. Die lebensfrohe Muslima berichtet auch über ihre Rückschläge, Enttäuschungen und Freundschaften.

Sediqheh Jafari ist am 19.11.1989 in Herat (Afghanistan) geboren. Dort wuchs sie zusammen mit ihren Schwestern Salehe (30) und Sakinah (24) wohlbehütet von ihren Eltern Khadijeh (54) und Gholamnabi (55) in einem großen Haus gemeinsam mit ihren unvergessenen Großeltern auf. Nach schrecklichen Kriegswirren musste Familie Jafari schweren Herzens ihre geliebte Heimatstadt Herat verlassen und war über drei Monate auf einer dramatischen Flucht nach Deutschland. Die Autorin erlernte in Hamburg den Beruf der Gesundheits- und Pflegeassistentin. Sie lebt mit Herz und Seele ihren Beruf. Ihr und ihrer Familie ist es nach vielen Hindernissen mittlerweile auf vorbildliche Weise gelungen, sich in der schönen Hansestadt Hamburg erfolgreich zu integrieren.

Sediqheh Jafari

Sedi kam nach Deutschland- kämpfte-hoffte und fand eine neue Heimat

Die bewegende Geschichte eines Flüchtlingskindes

Sedi in London

Inhalt

Vorwort

Kaum ein anderes Thema hat die Menschen weltweit in den letzten Jahren mehr als das brisante Thema Flüchtlinge beschäftigt. Bereits seit dem Jahr 2014 stieg die Zahl der Flüchtlinge rasant an und unzählig viele tausend Hilfesuchende flüchteten aus Kriegsgebieten in sichere Länder und erhoffen sich dort ein menschenwürdiges und sicheres Leben führen zu dürfen. Ab Juni 2015 spitzte sich dann die Flüchtlingskatastrophe noch mal gravierend zu und zur Jahreswende 2015/2016 erreichte sie ihren bitteren Höhepunkt. Monatelang wurde in allen Medien über die Flüchtlingswelle und deren katastrophale Folgen für viele unschuldige Menschen berichtet. Bei der Ein- und Durchreise von hunderttausenden Flüchtlingen und Migranten in oder durch die verschiedensten Staaten von Europa verloren viele Menschen auf tragische und unmenschliche Weise ihr Leben.

Im Jahr 2015 haben über 1.322.825 Menschen in verschiedenen Ländern der Europäischen Union Asyl beantragt und auch im Jahr 2016 haben 1.259.955 Menschen um Hilfe für ein sicheres Leben gebeten. Weltweit befanden sich in diesen Jahren sogar nach offiziellen Angaben rund 65 Millionen Menschen auf der Flucht. Hinter jeder einzelnen Flucht stehen ein Mensch und ein Schicksal, welches sehr hart sein kann und mit Menschlichkeit oft nicht mehr in Einklang zu bringen ist.

So versuchten im Jahr 2015 insgesamt mehr als eine Million Menschen aus unterschiedlichen Herkunftsländern die Einwanderung über das Mittelmeer in die Europäische Union.

Bei ihrem Versuch in Sicherheit zu kommen starben über 3700 Menschen teilweise sehr qualvoll. Im Jahr 2016 wurden erneut über 1.250.000 Asylanträge gestellt und ein Großteil der Anträge wurde in Deutschland gestellt. Im Januar 2016 schätze die EU-Kommission, das im Zeitraum der Jahre 2016 bis 2017 etwa 3 Millionen Asylbewerber nach Europa kommen werden.

Das Thema beschäftigt die Welt und viele Länder also immer noch tagtäglich in irgendeiner Weise. Die österreichische Regierung hat im September 2016 geschätzt, das alleine in Libyen etwa eine Million Menschen auf eine Überfahrt nach Europa warten und in Afghanistan bis zu 1,5 Millionen Menschen eine Flucht nach Europa anstreben, um dort wieder sicher ihr Leben fortführen zu können.

Soweit zu den Hintergründen. Einzelheiten über die weltweite Flüchtlingskatastrophe sind im Internet und in zahlreichen Publikationen nachzulesen.

Aber nun zu diesem vorliegenden Buch.

Mein Name ist **_Sediqheh (Sedi) Jafari_** und auch ich habe einen Migrationshintergrund und war mit meiner Familie monatelang von Afghanistan nach Deutschland auf der Flucht. Menschen in den sicheren Ländern haben sicherlich Anteil an der Flüchtlingskrise der vergangenen Jahre genommen und haben auch Mitleid mit den Flüchtlingen, die große Anstrengungen und viel Leid bei einer Flucht auf sich nehmen müssen. Dann gibt es auch Mitmenschen, denen das Schicksal der Flüchtlinge nicht so sehr am Herzen liegt und die sich sogar in irgendeiner Weise negativ über die Flüchtlinge äußern bzw. die Notwendigkeit der Flüchtlingswelle in Frage stellen.

Auch hierüber wurde schon ausreichend berichtet und ich möchte deshalb hier keine Einzelheiten nennen. Ich möchte mit diesem Buch einmal am Beispiel meiner Familie unsere schwierige Flucht von einem von Krieg massiv bedrohtem Land in ein sicheres Land beschreiben.

Mir geht es bei diesen Aufzeichnungen auch darum, mehr Verständnis für die von Krieg und Terror bedrohten Menschen zu wecken und darzulegen, das kein einziger Flüchtling freiwillig seine Heimatstadt verlässt und eine Flucht immer irgendwie begründet ist. Mein lieber Vater hat bereits im Jahre 2006 seine schrecklichen Erfahrungen unserer dramatischen Flucht aufgeschrieben und in einem Büchlein wurden seine Berichte damals noch anonym veröffentlicht, weil er zu dieser Zeit noch immer Schwierigkeiten mit den Behörden hatte und er Angst haben musste, das die Buchveröffentlichung irgendwelche Nachteile für ihn oder unsere Familie haben könnte. Die Gesamtschule Allermöhe in Hamburg hat das Buchprojekt damals unterstützt und die Druckerei Zollenspieker ermöglichte dankenswerterweise die Herausgabe des Buches unter dem Titel „Reise ohne Ende" (Untertitel: Eine afghanische Familie in Hamburg…drei Töchter besuchen unsere Schule…die Abschiebung droht!). Mein tapferer Vater ist im Alter von etwa drei Jahren mit seiner Familie in die Hauptstadt Maimane der Provinz Fariad umgezogen. Dort wohnte er knapp vier Jahre lang und danach sind sie in die historische Stadt Herat umgezogen. In dieser Stadt wurde er eingeschult und nach der vierten

Klasse hat er die Schule mit dem Namen Chaje-Mohamad-Takie besucht. Rückblickend kann gesagt werden, dass mein Vater bis im Jahr 1979 die angenehmste und schönste Zeit seines Lebens verbringen durfte. Zu dieser Zeit ahnten er und seine Familie noch nicht, welche aufregenden, schlimmen und anstrengende Lebensphasen auf ihn zukommen würden.

Wenn ich heute die aufgeschriebenen Erzählungen meines Vaters über unsere Flucht lese, kommen mir immer noch die Tränen. Gleichzeitig bin ich aber sehr stolz auf meinen Vater, der unmenschlich viel geleistet hat und sich stets mit aller Kraft für unsere Familie eingesetzt hat. Diese bewundernswerte Lebenseinstellung praktiziert mein Vater bis zum heutigen Tage. Ich könnte mir überhaupt keinen besseren Vater und auch keine bessere Mutter vorstellen. Bin deshalb glücklich, dass ich diese beiden wunderbaren Menschen als meine Eltern bezeichnen darf.

Nach nunmehr über 10 Jahren wage ich mich selbst mit der Herausgabe dieses Buches, um über unsere anstrengende Flucht aus meiner Erinnerung heraus und aus meiner persönlichen Sicht zu berichten. Nachdem wir uns nach vielen Hindernissen glücklicherweise gut in Deutschland integriert haben, nenne ich auch meinen richtigen Autorennamen. Da ich bei unserer Flucht erst 11 Jahre alt war, weiß ich nicht mehr alle Einzelheiten über unsere anstrengende Flucht und deren Folgen. Deshalb habe ich teilweise Aufzeichnungen meines Vaters von seinem Buch „Reise ohne Ende" in meine Erzählungen aufgenommen, um den Lesern die Tragweite unserer

Flucht noch verständlicher zu machen. Ich zitiere auch Inhalte aus dem Buch meines Vaters. Mir liegt es sehr am Herzen, das die Menschheit Verständnis für die Flüchtlinge zeigt und erkannt wird, das eine Flucht immer mit schrecklichen Erlebnissen und zahlreichen Entbehrungen verbunden ist. Ziel meines Buches ist es, das die Leserschaft die Hintergründe einer Flucht verstehen, die oft in den Medien nicht so genau und ausführlich publiziert werden. Ich würde mich auch riesig freuen, wenn Sie Flüchtlingen gegenüber ohne Vorurteile auftreten und Asylsuchende auf ihrem schweren Weg in eine neue Zukunft tatkräftig unterstützen könnten. Auch immer mit den Gedanken im Hinterkopf, das Flüchtlinge Menschen sind und diese Menschen auch in Frieden leben möchten. Bedenken Sie bitte auch, das bei den Flüchtlingen viele unschuldige Babys und Kinder dabei sind, die in ihrem kurzen Leben noch keinerlei Schuld in irgendeiner Weise auf sich genommen haben. Ist es nicht schrecklich, wenn Kinder auf der Flucht sterben müssen?

Aber lesen Sie nun selbst meine persönliche Geschichte. Machen Sie sich ein eigenes Bild von einer unschuldigen Flüchtlingsfamilie, die nur einen Wunsch hat, gesund und sicher in einem friedlichen Land leben zu dürfen. Ich wünsche allen Lesern dieses Buches stets viel Frieden, Gesundheit und ein glückliches Leben!

Von ganzem Herzen, Sediqheh (Sedi) Jafari

Mein Leben vor unserer dramatischen Flucht aus Afghanistan nach Deutschland

Ich bin zum Zeitpunkt der Verfassung dieses Buches mittlerweile 28 Jahre alt und lebe seit meinem zehnten Lebensjahr mit meiner liebevollen Familie in der reizvollen Hansestadt Hamburg, die ich als eines der schönsten Städte Deutschlands mittlerweile sehr schätze und wo ich meine zweite Heimat nun nach vielen Anstrengungen und lebhaften Zeiten gefunden habe.

Geboren bin ich in der wunderschönen Stadt Herat und dort bin mit meinen lieben Großeltern, zwei Onkeln und meinen geliebten Eltern in der Jaadde Golestan (Blumen Str.) aufgewachsen. Wir hatten in der islamischen Republik Afghanistan ein wundervolles Leben geführt, welches man durchaus als Märchenleben bezeichnen könnte und sich viele Menschen wünschen würden. Wir hatten dort ein großes Haus und meine Eltern waren in der Lage uns Kindern fast alle Wünsche zu erfüllen, die uns zu glücklichen Mädchen machte.

Die Großeltern waren rund um die Uhr da und kümmerten sich um uns mit viel Hingabe, Fürsorge und herzlicher Liebe. In dem großen schönen Haus kam uns nie viel Langeweile auf. Wir hatten sehr oft Besuch und mein Großvater verbrachte viel Zeit im Spiel mit uns, worüber ich mich immer so sehr freute. Vor unserem Haus hatte der Nachbars Junge ein Kiosk geöffnet und mehrmals am Tag gingen wir dort hin und kauften ein paar Kleinigkeiten. Immer wieder sagte Opa zu mir und meiner Schwester Saleheh "komm wir fahren Brot kaufen". Auf seinem

Motorrad fuhr er dann mit uns zu meinen Tanten, Cousin und Cousinen. Das war für uns Kinder immer wieder eine ganz besondere Freude, die mir heute noch ein Lächeln ins Gesicht zaubert. Opa war und ist heute noch unser großer Held!

Das so unbeschwerte Leben, was wir Kinder führen durften, war aber auch leider nur uns Kindern vergönnt. Viele Erwachsene in unserem eigentlich landschaftlichen und kulturell wunderschönen Land hatten auch zu unserer Kinderzeit schon mit großen Problemen zu kämpfen, die jeden Tag eine harte Herausforderung für den Einzelnen bedeutete. Auf dem Arbeitsmarkt war immer weniger los und die Menschen fürchteten sich über das, was sie in den Nachrichten hörten. So flüchteten viele verängstigte Landsleute aus ihrer geliebten Heimat, um ihr Leben zu schützen.

Ich erinnere mich noch gut daran, wie eines Tages unzählige Jeeps, Panzer und Motorräder in unsere Straße gefahren sind, was mich als Kind doch sehr verängstigte. Am Ende der Straße hielten sie plötzlich an. Männer mit Turbanen stiegen aus und hatten furchterregende Gewehre bei sich. Auf der Straße war nichts los. Es war gespenstig still. Man hätte eine Stecknadel fallenlassen können und hätte ihren Aufschlag gehört.

Irgendwann war es dann auch für uns Kinder klar, es sind die Taliban (Definition: islamistische Miliz, welche von September 1996 bis Oktober 2001 große Teile Afghanistans beherrschte), die jetzt in unsere Straße wohnen. Sie hatten die Hauseigentümer am Ende der Straße gewaltvoll vertrieben und sie haben das große Haus einfach so in Besitz genommen. Die bis dahin durchgehende

Fröhlichkeit der Straßenbewohner verschwand ganz plötzlich aus allen Gesichtern. Nun verstanden auch wir Kinder was los ist. Schrecklich. Ganz schrecklich war die Situation für alle Betroffenen.

Wir konnten die Situation nicht verstehen und waren fortan in eine Starre verfallen, die mit großen Ängsten und Zukunftssorgen einherging. Wir gingen kaum noch aus dem Haus.

Eines Tages kam Mama blutüberströmt in unser Haus zurück und wir konnten nicht glauben, was man unserer geliebten Mutter angetan hat. Sie war einkaufen und die Taliban hatten sie mit einem Gewehr mutwillig auf dem Kopf geschlagen.

Als ich davon erfahren hatte, musste ich minutenlang weinen und meine Angst steigerte sich ins Unermessliche. Es stand nun auf der Tagesordnung, dass Frauen von der Taliban geschlagen wurden. So fuhren sie in die Stadt, stiegen aus ihren Autos aus und gingen ohne Grund auf die armen wehrlosen Frauen los. Sie schlugen die unschuldigen Frauen bis sie verletzt waren.

Erst dann waren sie anscheinend zufrieden, zogen weiter und hielten Ausschau nach neuen Opfern. Eine Situation, die absolut nicht zu tolerieren war, als unmenschlich bezeichnet werden muss und die große Teile der Bevölkerung in Schrecken und starke Ängste versetzte. Viele Familien wurden durch diese Gewalt lebenslang traumatisiert und zahlreiche Menschen mussten um ihr Leben fürchten. Solche unmenschlichen Situationen gibt es auch heute noch in Kriegsgebieten.

Hintergrund dieser Gewaltausbrüche war es, dass die Taliban es nicht duldeten, dass Frauen auf der Straße alleine unterwegs waren.

Nach Ansicht der Taliban gehören Frauen zuhause an den Herd und sollen sich um die Kinderbetreuung kümmern. So gingen auch nur noch Jungs zur Schule und die Mädchen mussten zu Hause bleiben. Und wenn Mädchen doch in der Schule gesehen wurden, wurden sie auch von der Taliban mit Schlägen für ihren Schulbesuch bestraft. Ein Zustand, den man sich in Deutschland absolut nicht vorstellen kann und diese Tatsachen sind vielen Menschen überhaupt nicht bekannt, die teilweise kritisch den Flüchtlingen gegenüber treten und manchmal bezweifeln, ob die Flucht aus kriegerischen Gebieten überhaupt notwendig war und ist.

Aus diesem Grunde hatte mein Vater mir und meinen Schwestern auch eine Privatlehrerin engagiert, die sich gut um uns kümmerte. Wir waren glücklicherweise in der Lage, uns eine Privatlehrerin leisten zu können und konnten so von den schrecklichen Gewaltausbrüchen verschont werden, die anderen Mädchen leidvoll über sich ergehen lassen mussten. Nicht jede Familie konnte sich solch ein Luxus leisten und musste die Gewalt gegenüber ihren Kindern hilflos und schweren Herzens hinnehmen. Es war mehr als traurig anzusehen, dass die Jungs so ziemlich alles durften und uns Mädchen viele Aktivitäten verboten wurden. So durften wir auch nicht mit dem Fahrrad fahren und ich habe erst mit 11 Jahren in Hamburg gelernt mit dem Fahrrad mich fort zu bewegen. In Deutschland und auch in anderen Ländern ist es üblich, dass alle Kinder spätestens Fahrrad fahren können, wenn sie in die Grundschule kommen. Ein Verbot wie damals in Afghanistan wäre in Deutschland undenkbar und die Familienverbände würden auf die Barrikaden gehen. Die beängstigende Situation in unserer Heimatstadt wurde von Tag zu Tag schlimmer und der Wunsch nach einer Verbesserung der mittlerweile schlechten Lebenssituation wurde auch in unserer Familie immer größer. Das Schlimmste war, das wir uns auch um unser Leben fürchten mussten und nicht mehr sicher waren.

Besonders für meine Großeltern und Eltern war es ganz dramatisch, weil sie sich große Sorgen um uns Kinder machen mussten. Es musste also ganz dringend was geschehen.

Es kam dann relativ schnell die Zeit, wo die Situation unerträglich wurde und unsere Ängste immer schlimmer wurden. Die Frauen durften das Haus nicht mehr verlassen und die Männer wurden streng verfolgt.

Männer sollten jetzt auch einen Turban tragen und wenn sie keine langen Bärte hatten, wurden sie einfach festgenommen und solange in Gewahrsam genommen, bis ihre Bärte lang genug waren. Der Bartwuchs wurde folgendermaßen getestet. Die Taliban hatten eine Dose oben und unten ausgeschnitten. Dann mussten die festgenommenen Männer ihre Bärte in diese Dose halten und wenn der Bart unten zu sehen war, wurden sie wieder frei gelassen .Wenn das nicht der Fall war, wurden sie weiterhin gewaltsam festgehalten. So gab es jeden Tag neue Schreckensnachrichten zu verarbeiten und wir hatten große

Angst vor der weiteren Entwicklung und davor, wie unser bisheriges gutes Leben weitergehen würde und ob es vielleicht bald schon zu Ende sein könnte.

Papa konnte irgendwann auch nicht mehr seinen geliebten Job weiter machen, den er immer mit viel Fleiß und Engagement ausgeführt hat.

Ein sehr brutales Ereignis, von dem mein Vater Zeuge gewesen ist, passierte im Februar 1979 in Herat. Dieses schlimme Ereignis prägt sich bis heute traumatisierend in das Gedächtnis meines Vaters ein.

Ich zitiere aus den Buchaufzeichnungen meines Vaters:

"Wie Sie vielleicht wissen, sind die afghanischen Schulen im Winter für drei Monate geschlossen, weil es zu kalt ist. Da ich diese Zeit nicht nutzlos verstreichen lassen wollte, habe ich in einer Schneiderei gearbeitet. Auch an diesem Tag fuhr ich nach dem Frühstück mit dem Fahrrad zur Arbeit. Unterwegs fiel mir auf, dass einige Läden geschlossen waren, die Stimmung eher unheimlich war und die Gespräche, die ich hörte, waren sehr beunruhigend.
Ich fuhr bis zum Laden weiter und war überrascht, vor dem geschlossenen Laden zu stehen.
Dort stand auch der Besitzer, der mich begrüßte und mich aufforderte, so schnell wie möglich nach Hause zurück zu kehren, da Unruhen in der Stadt im Gange seien. Ich fuhr also sehr rasch nach Hause zurück und hörte unterwegs viele Schießereien. Als ich nach Hause kam, waren meine Eltern besorgt um mich und schockiert über diese Schie-

ßereien. Wir hatten zu der Zeit Besuch, der sich von uns verabschieden wollte, aber wir haben ihnen davon abgeraten abzureisen, da wir bereits Geräusche der über uns kreisenden Flugzeuge hören konnten.

Aus Neugier bin ich mit drei anderen Kindern aufs Dach gestiegen. Von dort beobachteten wir, hinter einer Mauer hockend, den Himmel.

Die Flugzeuge sind zwei-, dreimal um die Stadt gekreist. Dabei sind wir auf weiß glänzende Gegenstände aufmerksam geworden. Wir haben uns gefragt, was das sein könnte. Kurz danach erreichten diese weiß erscheinenden Objekte den Boden, wir hörten sehr laute Explosionsgeräusche, begleitet von viel Feuer und Rauch.

Schockiert stiegen wir runter vom Dach und sind zusammen mit der gesamten Familie in den Keller gegangen. Nun war uns klar: die Bombardierung hatte begonnen. Wir haben zitternd ums Überleben gebetet. Die Bombardierung dauerte bis zum späten Nachmittag. Anschließend trafen wir die Nachbarn auf der Straße und unterhielten uns über die Ereignisse.

Die Nachrichten waren sehr widersprüchlich: Es hatte viel Widerstand und Demonstrationen gegeben, die aber brutal niedergeschlagen worden waren.

Die Sorge der Menschen war, dass sich diese Gewalt und Brutalität gegen die Menschen landesweit ausbreiten und dadurch viele Menschen getötet und viele Gebäude zerstört werden könnten. Diese Unruhen dauerten 10 Tage, bis die neue Regierung schließlich Herr der Lage wurde.

Es gab viele Tote und viele Verhaftungen ohne jegliche gerichtliche Anklage. Von vielen Verhafteten gibt es bis heute keine Spur. Laut inoffizieller Statistik sind während dieser Zeit 25000 Menschen verschleppt oder getötet worden.

Nachdem sich die Lage beruhigt hatte, fing die Schule mit Verspätung wieder an. Wir waren schockiert, wie sehr unsere Schule zerstört, zerbombt und verbrannt war. Wir hatten weder Stühle noch Tische noch Tafeln, der Unterricht musste im Freien stattfinden.

Ich bin in der 8. Klasse und beende das Schuljahr erfolgreich. Die Winterferien begannen. Wir hatten uns noch nicht erholt von den vorherigen inneren Unruhen, da besetzte 1979 die Sowjetunion Afghanistan. Die Menschen waren von Tag zu Tag deprimierter und hoffnungsloser. Der Kampf gegen die Besatzungsmacht Sowjetunion verbreitete sich immer mehr und wir waren gezwungen, unsere Schule zu verlassen. Meine Familie hinterließ Hab und Gut, um nach Iran zu emigrieren.
Diese Reise war verbunden mit viel Mühe, Ungewissheit und Angst. Sie dauerte 10 Tage, bis wir im Iran eine kleine Hütte mieten konnten. Dort warteten und hofften wir auf eine Rückkehr.

Das tägliche Warten verwandelte sich in jährliches Warten: Unser Aufenthalt im Iran dauerte dreizehneinhalb Jahre! Während dieser Exiljahre habe ich geheiratet. Aus dieser Ehe sind drei gesunde Töchter hervorgegangen.

Ich, Sedi, bin eine Tochter von ihnen und bin heute noch traurig, wenn ich lese, dass mein Vater als Kind schon solche schlimme Zeiten durchmachen musste. Diese schlimme Zeiten mussten Jahre später wir drei Töchter selbst durchmachen.

Glücklicherweise waren wir gesund und hatten unsere liebevollen Eltern, die uns in den schlimmen Zeiten immer geholfen haben. Beim Zitieren der Textpassage aus den leidvollen Aufzeichnungen meines Vaters über unsere Flucht, geht es mir auch darum, das Sie liebe Leser Verständnis für die vielen Millionen Flüchtlinge zeigen, die oft unsagbares Leid erfahren, um in Sicherheit zu gelangen.

So pauschale Aussagen wie „die Flüchtlinge sollen sich nicht so anstellen oder „Flüchtlingen geht es doch gut und die kriegen viel Geld vom Deutschen Staat" relativieren sich, wenn man sich in die tragischen Fluchterlebnisse der flüchtenden Menschen hineinversetzt. Möchten Sie ohne Grund sich den Strapazen einer Flucht aussetzen und Ihr Leben riskieren? Ich glaube, diese Frage können Sie ohne Nachdenken mit Nein beantworten. Um Geld in Deutschland zu bekommen, flüchtet kein Mensch freiwillig aus seinem geliebten Heimatland!

Nun aber weiter zu meinen persönlichen Erlebnissen und zu meiner Geschichte.

Das Leben war mittlerweile wirklich nicht mehr schön und wir hörten nur noch, dass alle Menschen in unserer Stadt und auch in vielen anderen Städten gehen. Egal wohin. Die Menschen wollten einfach weg und in Sicherheit kommen.

Meine Eltern verkauften und verschenkten nach und nach unseren Hausstand und unsere Wertsachen.

Überall im Haus standen plötzlich gepackte Koffer und Taschen herum und wir Kinder wussten überhaupt nicht, was plötzlich eigentlich los war.

Wir ahnten aber, das was nicht stimmt und was Schreckliches passiert ist oder passieren wird. Die Tage und Nächte waren für uns Kinder fortan von Unsicherheit, Unruhe und Ängsten begleitet. Negative Gefühle, die ich keinem Menschen wünsche!

Meine Eltern haben uns von den massiven Verschlechterungen unserer Lebensbedingungen lange Zeit rausgehalten, um uns zu schonen und keine Angst zu verbreiten. Innerlich spürten wir zwar, das was nicht stimmt und eine leichte Angst breitete sich seit längerer Zeit aus.

Was genau um uns herum passierte, konnten wir in unserem jungen Alter aber noch nicht beurteilen. Weil unserer Eltern uns trotz der gewaltsamen Situation uns zu Hause Alles ermöglicht haben, war die Situation für uns doch noch ganz erträglich.

Ich hatte damals eine gute Freundin und wir versprachen uns, egal wohin uns das Schicksal mal hin versetzt, das wir wieder zueinander finden werden. Ich erfuhr viele Jahre später davon, dass sie bereits mit jungen Jahren verheiratet wurde (das ist in Afghanistan an der Tagesordnung) und deshalb zu meinem großen Bedauern der Kontakt zu ihr abgebrochen ist.

Beginn unserer Flucht – der Tag der unser Leben auf tragische Weise veränderte

Es war mitten in der Nacht, als meine Mama mich und meine zwei Schwester plötzlich aus unserem Tiefschlaf weckte. Wir gehen- steht auf sagte sie- aber ich wollte nicht. Sie bzw. wir mussten es anscheinend sehr eilig haben, dass merkte ich unweigerlich an ihrer betonenden Stimme.

Im Halbschlaf schlüpfte ich in eine Hose und zog mir warme Kleidung über meinen leicht zitternden Körper an. Von der Familie habe ich mich nicht verabschiedet, weil ich große Angst davor hatte und meine Familie nicht so in Erinnerung behalten wollte.

Ich wusste, dass irgendetwas Schlimmes passiert und eine schwere Situation uns bevorsteht.

 In der ganzen Aufregung habe ich mich von meinem geliebten Opa überhaupt nicht verabschiedet.

Mein Opa war der wichtigste Mann in meinem Leben und deshalb tut es mir heute noch von Herzen weh, das ich mich zu Beginn unserer eiligen Flucht nicht von ihm verabschieden konnte.

Eines der letzten Bilder unseres geliebten Opas (v.l.n.r. Sedi, Opa, Saleheh), die wir aus unserem Haus in Herat vor der Flucht glücklicherweise noch gerettet haben.

Mein Papa umarmte uns Kinder noch mal sehr liebevoll und wir stiegen in ein Auto. Es war ein großes Auto, worin viele Menschen Platz gefunden haben.

Heute, fast 18 Jahre danach versteh ich auch, warum wir es damals so eilig hatten.

Meine Eltern, Schwestern und ich waren seit diesem Zeitpunkt auf unserer dramatischen Flucht von Afghanistan nach Deutschland, wo wir uns eine sichere Aufnahme erhofften. Meine Familie und ich ahnten damals in nicht in geringster Weise welche Anstrengungen und bürokratische Hürden mit unserer Flucht verbunden sein würden. Es folgte eine schreckliche Odyssee, die ich so keinem Menschen wünsche.

Diese schwierige und unsichere Zeit werden wir nie mehr in unserem Leben vergessen. Die Zeit als wir in Todesangst um unser Leben rannten war dramatisch und schrecklich. Jeder Tag stellte für uns eine schwierige Herausforderung dar und jeder Tag brachte andere Probleme mit sich.

Drei lange Monate voller Angst, Hunger, körperlichem und seelischem Leid mussten wir über uns ergehen lassen bis wir endlich in Deutschland angekommen waren.

Wir Kinder haben zwar von den vielen Kontakten im Vorfeld nichts mitbekommen, dennoch berührte uns mit Sorge die neue Situation. Wenn uns die Fluchthelfer (Schleußer) mitten in der Nacht irgendwo abgeholt haben und uns irgendwo anders näher am Ziel hingebracht haben, dann haben wir die für uns „eigenartige" Situation doch etwas zuordnen können. Völlig erschöpft und voller Schmerzen in den Beinen und mit leeren Magen sind wir bei unseren Fluchtstationen angekommen und für uns war das immer irgendein Niemandsland. Keiner wusste genau, wo wir gerade sind und wir konnten es auch nicht wissen, weil wir zu diesen Gebieten in unserem Leben vor der Flucht auch keinen Bezug hatten.

Als Eindrücke von unserer Flucht berichtete mein Vater damals auch in seinem Buch, das er voller Angst und Sorge die zahlreichen Fluchtstationen erlebt hat und lange Zeit nicht einmal wusste, wohin die Reise denn überhaupt ging.

Zur Verdeutlichung möchte ich Ihnen nochmal einen kleinen Auszug aus seinem Buch „Reise ohne Ende" wiedergeben:

„Nach Tagen und Nächten kamen wir in einer Stadt an und wurden erneut in einem Haus untergebracht. Glücklicherweise trafen wir hier eine afghanische Familie. Das war sehr erleichternd und hilfreich für uns, da wir die gleiche Sprache und das gleiche Schicksal teilten.

Sie erzählten uns, dass sie bereits zwanzig Tage dort seien und dass dieser Ort Turkestan hieße. Nach einer Woche konnten wir mit dem Zug ca. drei Tage und Nächte weiterfahren. Noch einmal fuhren wir mit einem anderen Auto zu einem unbekannten Ziel. Nach Tagen und Nächten erreichten wir einen Wald und wurden dort einen Tag lang aufgehalten. Nach vierundzwanzigstündigem Aufenthalt in einem Haus in diesem Wald fuhren wir abermals los mit einem Mann, dessen Sprache wir nicht kannten. Um ca. 2 Uhr morgens ging es los und wieder wussten wir nicht wohin. Meine Kinder fragten mich natürlich ständig, wo wir wären und ich war sehr traurig, dass ich ihnen keine richtige Antwort geben konnte.

Unsere Karawane fuhr weiter und des Öfteren waren wir in Autos, dessen Fenster schwarz gefärbt waren und wir hatten keine Chance, weder die Ortschaften noch die Natur zu erleben.

Letztendlich wurden wir nach jeder ca. einwöchigen Etappe mit Hunger, Durst, Angst und psychischen Belastungen erneut in einem Haus untergebracht.

Dort versorgte man uns zwar mit Essen und Trinken, wir waren jedoch allein und isoliert. Unter diesen Bedingungen, besonders unter der mentalen Isolation und der gesamten Ungewissheit, haben wir uns gefragt, ob diese Reise eines Tages zu Ende sein würde. Dann kamen wir wieder in einer Stadt an. Wir wurden in einem Haus untergebracht, in dem schon andere afghanische Familien wohnten. Das war sehr erfreulich und beruhigend für uns. Wir blieben ungefähr zehn Nächte dort, aber es wurde uns nicht erlaubt das Haus zu verlassen. Lebensmittel wurden uns durch eine unbekannte Person ins Haus gebracht.

Der einzige Vorteil dieses Hauses war, das wir telefonieren konnten. Leider war es dann aus technischen Gründen doch nicht möglich nach Afghanistan zu telefonieren, so dass uns nur die Verbindung zu unseren Verwandten im Iran blieb.

Ich berichtete ihnen von unserem Zustand. Nach zehn weiteren Tagen mussten wir auch diesen Ort verlassen und die Möglichkeit des Telefonierens war leider auch

nicht mehr gegeben. Es war inzwischen sehr kalt geworden und Teile unseres Weges waren mit Schnee bedeckt.

Zum Glück waren diese Reisen immer sehr kurz, sie
waren nicht länger als jeweils einen Tag. Aber das Wetter
war sehr schlecht, es lag Schnee und wir mussten einen
Teil des Weges zu Fuß gehen. Beim Fahren wurden wir
immer nur von einer Person begleitet, beim Gehen waren
es jedoch drei bis vier Personen. Unsere Karawane hatte
sich zahlenmäßig vergrößert: Wir waren mittlerweile ca.
20 bis 25 Personen. Wir zogen von Stadt zu Stadt, von
Bergen zu Bergen, durch Höhen und Tiefen- es war sehr
anstrengend für uns Erwachsene; für die Kinder war die
Belastung gleichwohl noch extremer. In der Nähe eines
Waldes, in der dritten Etage eines Hauses, wurden wir
untergebracht.

Da hat man uns mit Essen und Trinken versorgt und
wir blieben drei Nächte dort, wieder ohne Kontakt zur
Außenwelt. In der vierten Nacht, um ca. zwei Uhr morgens, gingen zwei maskierte Männer mit uns in den Wald.

Der Wald war bedeckt mit Schnee, es war sehr kalt.
Nach sechs Stunden Fußmarsch durch den Wald, ohne
Austausch von Worten, kamen wir gegen acht Uhr morgens an irgendeinem Platz an, wir mussten pausieren,
weil wir erschöpft waren. Wir haben uns auf den Boden

gelegt, bald wurde uns kälter und wir wurden nass. Wir warteten zwei Stunden lang darauf, abgeholt zu werden.

Niemand kam und zwangsläufig mussten wir zurückkehren. Da wir sehr erschöpft waren, hatten wir kaum Kraft, diesen Weg noch mal zurückzulegen. Auf dem Rückweg war es sehr hell geworden im Wald und ich konnte die Fußstapfen gefährlicher, wilder Tiere erkennen, was uns noch mehr Angst und Bange machte. Wir hatten auch mit der Kälte zu kämpfen, daher mussten wir immer weiter gehen, um nicht zu erfrieren oder Opfer dieser wilden Tiere zu werden. Unter diesen Umständen sind wir weiter durch den Wald marschiert und gegen Mittag völlig ermüdet und erschöpft wieder an unserem Ausgangsplatz angekommen. Sofort gingen wir ins Haus hinein und mussten uns einen ganzen Tag lang ausruhen, um uns von den Strapazen zu erholen.

Nach 48 Stunden, um 20 Uhr, sind wir noch einmal losgegangen, um endlich nach ca. vier Stunden Fußmarsch an einer Straße anzukommen, wo ein Auto auf uns wartete. Wir sind sofort ins Auto eingestiegen und losgefahren.

Sie haben uns per Handzeichen zu verstehen gegeben, dass wir uns ruhig und leise zu verhalten hätten.

Und so fuhren wir durch kleine Ortschaften und Dörfer, von Stadt zu Stadt. Währenddessen versuchten wir mit dem Fahrer ins Gespräch zu kommen, aber er lehnte ab. Letztendlich kamen wir in einer kleinen Stadt an. In einem verlassenen Ort stiegen wir aus und versuchten abermals, den Fahrer nach unserem Aufenthaltsort zu befragen.

Schließlich – mit vielen Sprachproblemen- gab er uns zu verstehen, dass hier Germany sei. Wir waren beruhigt und stiegen aus; der Fahrer fuhr blitzschnell los. Wir waren auf uns alleine gestellt, in einer total fremden Umgebung. Wir waren alle völlig erschöpft, aber besonders die Kinder hatten sehr gelitten unter diesen Umständen."

Mit der Wiedergabe dieses Textausschnittes aus dem Buch meines lieben Vaters, möchte ich den Lesern meines Buches etwas verdeutlichen, wie schwer unsere Flucht war und das absolut kein Mensch ohne Grund flüchtet. Niemals würde ein Mensch freiwillig solche Strapazen auf sich nehmen, wenn er sich nicht in Todesangst befindet.

Auch heute sind noch Millionen Menschen auf der Flucht und sie Alle müssen ähnliche Situationen durchmachen, wie unsere Familie durchmachen musste. Können Sie sich vorstellen, wie viel Leid hinter dieser gewaltigen Flüchtlingskrise steckt? Und hinter jedem Flüchtling steckt eine ganz eigene Leidensgeschichte! Wenn Sie aufmerksam den Textabschnitt über die Erzählungen meines Vaters gelesen haben, dann können Sie sich vielleicht ein wenig in die schwierige Situation und in das Leid der unschuldigen Flüchtlinge hinein versetzen. Ich hoffe es zumindest und wünsche mir daher mehr Respekt und Verständnis für Flüchtlinge, die oft in großer Sorge um sich und ihre Kinder (oft auch Babys) sind.

Leider gibt es noch immer Menschen, die Flüchtlinge als „Schmarotzer" betrachten und es nicht verstehen können, weshalb so viele Menschen als Flüchtlinge in ein sicheres Land kommen.

Aber nun weiter zu meinen persönlichen Erfahrungen und zu meinen kindlichen Erinnerungen an unsere schreckliche Flucht. Wir Kinder spielten und bemerkten den ganzen Fluchtstress mit all seinen Widrigkeiten nicht so intensiv, welche unsere Eltern auf tragische Weise über Monate hinweg durchmachen mussten. Ich erinnere mich noch ganz gut daran, wie ich mit meiner kleinen Schwester Sakinah das Spiel „Mutter und Tochter" spielte. Unter einem Tisch hatten wir uns ein kleines Häuschen „gebaut" mit sämtlichen Tüchern und Kissen. Es machte uns immer wieder große Freude. Es gab auch aber auch viele Momente die weniger schön für uns waren und die ich gerne aus meiner Erinnerung streichen würde. Vermutlich gelingt es mir aber nicht, die schrecklichen Erinnerungen aus meinem Gedächtnis zu streichen.

Manchmal hatten wir nur ein Stück trockenes Brot zu essen.

Ich erinnere mich auch noch schmerzlich daran, wie wir uns zwei ganze Wochen lang mit den anderen Hilfesuchenden nur von Butter und Zucker Ernähren mussten.

Meine Mama kann daher bis heute keine Butter mehr essen und es wird ihr schon beim Gedanke an Butter regelrecht übel.

Meine beiden Schwestern und ich hatten immer große Angst, als der Mann nachts wieder kam und uns alle schnell aufforderte, weil es in wenige Minuten wieder los zur nächsten Etappe unserer anstrengenden Flucht ging. So waren wir über Monate innerlich immer unruhig, angespannt und nervlich unheimlich stark belastet.

Wir hörten sogar manchmal im Tiefschlaf die Schritte dieses Mannes, der die Treppen hoch kam. Unsere Nachtruhe war über viele Wochen mehr als unruhig und wir lagen voller Angst im Bett oder der nächtlichen Unterlage, die man Bett nannte.

Quasi lagen oder saßen wir wie auf einem „Pulverfass", weil wir nie wussten, was uns als nächstes erwarten wird.

Wenn ich heute mich an diesen Zustand erinnere, dann läuft es mir immer noch vor lauter Schauer eiskalt den Rücken herunter.

Also freiwillig oder ohne Grund haben meine Eltern sicherlich nicht diese Anstrengungen und Entbehrungen in Kauf genommen!

Meine Eltern fürchteten um unser Leben und schützten mit dieser unausweichlichen Flucht unsere jungen Menschenleben. Diese Entscheidung war trotz aller Grausamkeiten und Anstrengungen eine gute Entscheidung.

Aktuell ist unser Herkunftsland Afghanistan immer noch nicht sicher und mittlerweile werden glücklicherweise Abschiebungen aus Deutschland nach Afghanistan teilweise ausgesetzt.

An dem letzten Abend (wir dachten, dass dieser Abend der letzte Abend wäre, bis wir da ankamen, wo wir hin wollten), als dieser Mann die Treppen hoch kam um uns abzuholen , hatten wir es uns gerade gemütlich macht und ich erinnere mich wie heute, dass wir Kinder auf dem großen Bett lagen und uns unterhielten.

Er klopfte an unsere Tür sagte mit sehr lebhafter Stimme: „Schnell, schnell -wir brechen wieder auf". Es war in dieser Nacht eisig kalt.

Es nützte nichts und wir mussten wieder los marschieren. Vier Stunden sehr anstrengender Fußmarsch hatten wir zunächst hinter uns gebracht. Wir machten mit vielen anderen Familien eine kleine Pause mitten in einem Waldstück. Uns war es immer kälter und wir hatten großen Hunger. Nach einer gefühlten Ewigkeit kamen diese Männer dann wieder und sagten, dass wir zurück müssen, weil der Wald von zahlreichen Polizisten bewacht sei. Unsere Gruppe war fast eingefroren und wir mussten aber trotzdem aufstehen, weiterlaufen und den Männern folgen. Ich werde diese ganz schreckliche Situation nie mehr in meinem Leben vergessen. Meine Eltern sagten aber: „Wir bleiben hier, es geht nicht mehr, die Kräfte lassen nach". Unsere Mama fiel sogar vor Aufregung und Anstrengung in Ohnmacht. Sie war so entkräftet, dass sie nicht mehr wusste was mit ihr geschah. Wir aßen Schnee, weil wir Hunger und Durst hatten. Papa gab Mama auch etwas Schnee. Nach wenigen Minuten kam Mama glücklicherweise und sehr zu unserer Erleichterung wieder zu sich. Sie musste sich an uns stützen.

Völlig entkräftet und mit Hungergefühlen gelang es uns dann irgendwie, das wir wieder sechs Stunden von dem Waldstück zu unserer Ausgangsbleibe zurück gelaufen sind, um uns vor der Polizei in Sicherheit zu bringen.

Der letzte Abend in dieser Bleibe brach mitten in der Nacht an. Und es war die letzte Nacht. Es lief alles gut und wir gingen einen anderen Weg. Ihr seid da! Wir waren erleichtert, aber wo waren wir?

Ich erinnere mich ganz genau, als wir in dieser Nacht irgendwo im Nirgendwo angekommen sind und wir hungrig und durstig waren.

Papa hatte nur Dollarscheine und in der Nähe war ein McDonalds. Wir gingen hin. Leider kam Papa mit leeren Händen wieder zurück. Sie akzeptierten leider keine Dollars. So mussten wir weiter ziehen und in der Kälte ausharren. Auf der anderen Straßenseite sahen wir eine Bank mit Überdachung (eine Bushaltestelle) wo wir hingingen. Es regnete und unter der Überdachung fanden wir Schutz.

Wir setzten uns hin und hofften auf ein Wunder! Wir wollten doch nur noch, dass die für uns mittlerweile unerträgliche Situation endlich ein Ende hat und wir wieder in die Wärme gehen konnten.

Abgesehen von etwas Warmes zu trinken geschweige denn zu essen. Damit wären wir schon glücklich gewesen!

Meine Mama hatte vor unserer Reise in unseren Jacken noch extra Taschen auf den Rücken (Innenseiten der Jacken) eingenäht und Wechselkleidung darin versteckt, da wir keine Koffer mitnehmen durften.

Wir hatten sozusagen unser letztes Hab und Gut auf dem Rücken und in unseren Jacken.

So hatten wir alles was uns warm halten würde angezogen und beteten, dass es schnell hell wird.

Ich kann nicht mit Worten fassen wie eiskalt es in dieser Nacht war. Ich schlief dann irgendwann endlich mal ein. Mama und Papa hatten uns in ihre fürsorglichen Arme geschlossen, wo wir Kinder uns immer schon sehr wohl fühlten. Irgendwann wachten wir wieder auf. Es war immer noch dunkel. Nach einer gefühlten Ewigkeit kam ein Taxi und fuhr an uns vorbei. Papa sprang ganz aufgeregt auf. Das Taxi fuhr zu unserer großen Freude wieder zurück.

Nach anstrengender Flucht – unser neues Leben in der deutschen Großstadt Hamburg

Nach den Wirren und großen Anstrengungen während unserer dreimonatigen Flucht waren wir überglücklich, als wir endlich am Zielort in Hamburg angekommen sind und der Taxifahrer glücklicherweise doch noch anhielt.
„Where do you want to go? ", fragte der Herr. Papa konnte nur wenig Englisch und sagte: „Wir müssen nach Hamburg". Der freundliche Herr, den uns in unserer Not sicherlich der liebe Gott schickte, erkannte unsere schwierige Situation und half uns Kinder sehr fürsorglich in das Taxi einzusteigen.

Kaum saßen wir im Fahrzeug und schon sind wir auch eingeschlafen. Als wir wieder aufwachten waren wir schon in der deutschen Hansestadt Hamburg, die wir bisher nur aus diversen Erzählungen kannten.

Voller Freude erkannten wir unseren lieben Onkel. Mein Onkel fuhr uns zu sich nach Hause und am nächsten Tag mussten wir direkt zur Ausländerbehörde.

Um 05:00 Uhr morgens standen wir vor dem großen Behördengebäude und die Strapazen der Flucht saßen uns noch buchstäblich tief in den Knochen. Die Türen waren geschlossen und wir warteten voller Anspannung in den eisigen Temperaturen draußen vor der Tür. Irgendwann machten die Beamten die Türen auf und wir durften rein.

Was dort zu der Zeit passierte, weiß ich heute noch ganz genau. Wir suchten Asyl. Asyl nach unserer monatelangen Flucht. Und warum? Weil wir in unserem geliebten Heimatland nicht mehr sicher waren und weil unsere Leben dort von Krieg und Gewalt bedroht waren!

Wir bekamen dann eine Unterkunft zugewiesen. Auf einem Schiff. Damals waren zwei große Schiffe am Hafen. Ein Schiff in den Farben Weiß/Rot und weißes Schiff. Wir wurden in das weiß/rote Schiff eingewiesen und waren zunächst sehr dankbar und froh zumindest in Sicherheit zu sein. Wir Fünf mussten uns ein Zimmer teilen. Damit hatten wir aber kein Problem, weil wir glücklich waren, dass wir als Familie zusammen sein durften und unsere Flucht überhaupt überlebt haben. Zwischendurch war das nicht ganz selbstverständlich!

Im Vergleich zu den Unterkünften während unserer Flucht war die Unterkunft im Schiff aber sehr komfortabel und luxuriös. Wir Kinder hatten bei aller Tragik der Umstände viel Abwechslung und konnten uns so von den harten Strapazen unserer monatelangen Flucht etwas erholen. An manchen Tagen sind wir in einen sogenannten „ Kindergarten" gegangen. Es waren Kinder aller Altersklassen.

Wir bekamen Geschenke und immer was Leckeres zu essen. Manchmal holte uns mein Onkel zu sich. Wir spielten mit seinen Kindern und hatten endlich mal wieder viel Spaß.

Nach ein paar Tagen trafen wir den Cousin meiner Mutter draußen vor dem Schiff. Er berichtete, dass er mit seiner Familie im weißen Schiff ist.

So wie es nun mal war, hatten wir alle unsere eigenen Probleme und den aufwendigen Papierkram zu erledigen. Deshalb blieb uns wenig Zeit für Treffen und den Erfahrungsaustausch mit unseren Verwandten.

Aber jedes Mal wenn wir uns sahen, haben wir uns gegenseitig zu einem Glas Tee eingeladen und freuten uns immer sehr über diese wertvollen Begegnungen.

Wir waren nicht lange in dem weiß/roten Schiff. Recht bald bekamen wir in einem Asylheim ein Zimmer mit einem kleinen Hinterzimmer zugewiesen.

Hier auf etwa 20 Quadratmetern verbrachten wir fünf Jahre und machten trotz der beengten Wohnverhältnisse immer das Beste daraus. Auf dem Bild feierten wir gerade meinen 11. Geburtstag. Wir waren bescheiden geworden und ich freute mich auch über kleine Geschenke. Hauptsache wir waren in Sicherheit!

Das Heim lag mitten im Bergedorfer Friedhof, was besonders für uns Kinder doch manchmal etwas gruselig war.

Wir hatten aber nicht die Wahl und waren zu jeder Zeit froh darüber, dass wir in Sicherheit waren und wir endlich wieder hoffnungsvoll in die Zukunft blicken durften. Einen Vergleich zu unserem schönen Haus in unserem Heimatland verdrängten wir.

Sehr wohl war der Gedanke daran für unsere Familie sehr schmerzvoll und immer wieder sehnten wir uns auch danach. Im Asylheim verbrachten wir lange acht Jahre, die uns manchmal wie eine Ewigkeit vorkamen. Dennoch war es für mich die zweitschönste Zeit meines bisherigen Lebens in Deutschland. Klar war die Lebenssituation buchstäblich anders als wir es kannten. Aber wir hatten uns, uns ging es gut und wir hatten eine Unterkunft in Sicherheit. Wir waren damals mit dieser Situation recht glücklich.

Wir konnten Freundschaften schließen, die bis heute halten und Freunde finden, die uns mittlerweile so viel wie die eigene Familie bedeuten. Wir Kinder besuchten mit Freude den Kindergarten im Asylheim. Alle gingen dort hin und der Lehrer und Kindergärtnerin gaben sich sehr viel Mühe, um uns Kindern so viel wie möglich beizubringen.

Wir mussten ja buchstäblich von ganz vorne wieder anfangen, was oft nicht leicht für uns war.

Aber für uns Kinder war es nicht so schwer, wie es für unsere Eltern war.

Im Hinterhof hatten wir einen Spielplatz. Dort spielten wir von früh bis oft Spätabends. Mit der Zeit konnten wir wieder ein „normales" Kinderleben genießen und die Fluchterlebnisse rückten etwas in den Hintergrund. Im Jahr 2000 kamen wir dann in die Schule.

Ich ging in eine Vorbereitungsklasse. Das war die dritte und vierte Klasse. Ich kann mich noch sehr gut an meinen ersten Schultag in Deutschland erinnern. Der Lehrer war so liebevoll und nett. Ein Verhalten das ich so absolut nicht kannte. Ich hatte eigentlich die sprichwörtliche Angst im Nacken sitzen und große Befürchtungen, dass auch dieser Lehrer uns schlagen würde. In Afghanistan war es oder besser gesagt ist es an der Tagesordnung, dass die Lehrer die Schüler schlagen und selten freundlich zu den Kindern sind. Umso glücklicher war ich, als ich feststellte, dass der Lehrer in Deutschland keinerlei Gewalt an uns Schülerinnen und Schülern anwandte. Das war eine sehr positive und schöne Erfahrung für mich. Trotzdem fing ich an zu weinen. Ich verstand nämlich nicht, was der freundliche Lehrer sagte. In der Klasse waren Kinder aus ganz verschiedenen Ländern.

Erstaunlicherweise vergingen die Tage für mich wie im Fluge und plötzlich war ich schon in der vierten Klasse und konnte mich mittlerweile auch schon viel besser verständigen. Ich lernte sehr schnell und konnte mit meinen Mitschülern ganz gut sprechen, was mir große Freude bereitete. Ich fand immer wieder neue Gesprächspartner, um meine Sprache im aktiven Gespräch nachhaltig zu verbessern. Dies klappte auch ganz gut und es machte mir sehr viel Spaß die deutsche Sprache zu erlernen und auch zu sprechen.

So war ich auch stolz darauf, dass ich nun in zwei Sprachen sprechen konnte. Meine Zufriedenheit steigerte sich und ich hatte immer öfters auch Glücksgefühle, die ich oft so lange vermisste. Meine Eltern legten viel Wert darauf, dass wir Kinder unsere Hausaufgaben machten und in der Schule auch gut mithalten konnten.

Trotz all unserer Fortschritte war die Schulzeit in Deutschland für uns drei Mädchen nicht immer ein „Zuckerschlecken". Wir hatten aber das Gefühl, das unsere Integration in Deutschland positiv verläuft und so kamen auch Gedanken bei uns auf, dass wir gut in Deutschland angekommen sind und wir in diesem Land irgendwann ein sorgenfreies Leben genießen könnten. Ein roter Strich in unseren Reisepässen machte unsere Träume und Wunschvorstellungen immer wieder einen „Strich" durch unsere Planungen und wir wurden wieder mit dieser blöden Angst konfrontiert, womit wir während unserer Flucht lange Zeit schwer zu kämpfen hatten. Wir waren uns bewusst, dass wir in Deutschland als Flüchtlinge nur geduldet waren und die Gefahr einer Abschiebung jederzeit Realität werden könnte.

Dieser Druck abgeschoben zu werden, wurde von Tag zu Tag größer. Die Situation nahm uns sehr mit und machte uns auch Angst. Sollten unsere Fluchtbemühungen und die bisherigen intensiven Integrationsbemühungen in Deutschland letztendlich umsonst gewesen sein?

Müssen wir wieder in unser Heimatland zurück, wo unsere Leben wieder massiv in Gefahr sein wird? Müssen wir Kinder bald wieder mit Gewalt und möglicherweise Folter rechnen?

Fragen über Fragen, die uns tagsüber und auch oft in der Nacht beschäftigten und unsere Gedanken oft trübten.

In unseren Reisepässen sahen wir nur noch die rot gestrichenen Eintragungen, die eine Duldung in Deutschland bescheinigte. In der Schule war es mir deshalb auch sehr peinlich, meinen Mitschülern von unserer Duldung in Deutschland zu erzählen. Wenn ich offen daraufhin angesprochen wurde, wich ich den Fragen mit irgendwelchen Ausreden aus. In meinem Herzen weigerte ich mich eigentlich, das ich meine mir lieb gewonnenen Mitschüler anlüge. Ich konnte aber nicht anders, weil mich die Situation so sehr belastete.

Papa durfte auch nicht arbeiten, was uns die Situation sehr erschwerte. Es hieß immer, wer arbeitet hat gute Chancen hier in Deutschland dauerhaft bleiben zu dürfen. Aber wie sollte Papa denn arbeiten, wenn er keine Arbeitsgenehmigung erhält?

Ein ewiges hin und her. Einen Wirrwarr von Gefühlen mussten wir durchleben. Viele Unsicherheiten und Fragen beschäftigten uns in der Zeit unserer intensiven Integrationsbemühungen. Finanziell waren wir ja gerade auch nicht gut gestellt und es hätte uns sehr geholfen, wenn Papa Geld mit seiner Arbeit verdienen hätte können.

Glücklicherweise gab es später eine Lösung für unser Problem und unsere Fragen konnten nach und nach doch noch einigermaßen beantwortet werden.

Ich möchte aber gerne weiter erzählen, wie es uns in den ersten Monaten in Deutschland ergangen ist.

Bei unseren Problemen und Unsicherheiten standen uns glücklicherweise Freunde und die Familie hilfreich zur Seite.

Meine große Schwester durfte auch keine Ausbildung machen, da die Ausbildungsdauer drei Jahre betragen hätte und wir für diese lange Zeitspanne bisher keine

Duldung im Pass eingetragen bekommen hatten. Auch über diese Situation waren wir sehr unglücklich und oft kullerten uns unweigerlich Tränen aus den Augen. Wir wollten doch nur arbeiten und irgendwie normal leben.

War das denn zu viel verlangt?

Einerseits wollten wir natürlich nicht wieder in unser Heimatland zurück, weil wir dort keine Sicherheit bekommen hätten. Es wäre sehr schade gewesen, wenn wir wieder zurück müssten, weil wir so viel hier in Deutschland gelernt haben und das Gelernte dann in Afghanistan für uns „umsonst" gewesen wäre. Andererseits freuten wir uns aber auf unsere Familie und die Heimatgedanken in unseren Herzen waren immer noch sehr stark verwurzelt.

Und sie sind es auch heute noch.
Meine Schule sammelte für mich Unterschriften von allen Lehrkräften und diese zahlreichen Unterschriften brachten wir bei unserem nächsten Besuch in die Ausländerbehörde nicht. Wir wünschten uns mit dieser Aktion, dass diese Unterstützungsunterschriften uns helfen würden ein Dauerbleiberecht zugesprochen zu bekommen.
Im Jahr 2002 bekamen wir die traurige Nachricht, dass es unserem lieben Opa nicht gut geht. Diese Nachricht erschütterte uns sehr. Wir weinten sehr viel und wollten eigentlich nur zurück in unsere Heimat, um unseren geliebten Großvater in die Arme schließen zu können.
Papa ging deshalb zu einem Rechtsanwalt, um sich zu informieren, ob wir noch mal zu unserem Opa reisen

könnten. Doch schnell wurde uns klar gemacht, dass dieser Wunsch nicht in Erfüllung gehen konnte. Der Rechtsanwalt machte uns ganz deutlich, dass wenn wir zurückgehen würden, eine erneute Integration in Deutschland nicht möglich sei. Nicht einmal Papa alleine als sein Sohn konnte zu ihm nach Afghanistan reisen. Eine Rückkehr nach Afghanistan und eine erneute Flucht nach Deutschland wären undenkbar gewesen und kamen damit nicht in Frage.

Diese Sachlage mussten wir einfach so hinnehmen, wenn uns das auch sehr schmerzte. Wir riefen deshalb jeden Tag mehrmals an und sprachen mit unserem geliebten Großvater. Opa wollte auf keinen Fall, dass wir uns wieder trennen und nur einer von uns zurückkehrt. Als wir am 29. November 1999 Asyl beantragten, wurden unsere Geburtstage wegen dem ganzen bürokratischen Durcheinander um einige Tage verschoben. Nun hatte ich also plötzlich am 08. November Geburtstag.

An einem meiner Geburtstage hatte meine Mama mir ein Kuchen gebacken und Süßigkeiten für die Schule gekauft. Es war ein schöner Tag. Ich hatte meinen roten Lieblingspullover an. Als ich von der Schule nach Hause kam, sah ich alle ganz bedrückt. Ich solle meinen roten Pullover ausziehen und etwas anderes anziehen. Meine große Schwester wusste bereits Bescheid, was los war. Wir bekamen viel Besuch und alle weinten bitterlich. Irgendwann fing auch ich an zu weinen. Ich fragte meine Mama was den los sei, ob es Opa gut geht. Mama sagte nur, es geht ihm nun gut. Ich verstand die Lage nicht richtig. Eine Nachbarin sagte mir dann, dass Opa gestorben ist. In diesem Moment wusste ich nicht, was mit mir geschieht.

Wir schrien vor lauter Schmerz sehr laut. Ich war sehr wütend auf diese eine Nachbarin. Sie war so taktlos. Wieso hat sie es mir bloß gesagt? Ich verlor einfach den Halt und war zutiefst betrübt. Den Boden unter den Füßen hat man mir mit dieser schrecklichen Nachricht weggezogen. Mein über alles geliebter Opa sollte gestorben sein?

Ich konnte das noch lange Zeit nicht fassen und ärgerte mich, dass ich ihn nicht mehr sehen konnte. Seit diesem schrecklichen Tag feierte ich meinen Geburtstag nicht mehr am 08. November, sondern ein paar Tage später. Die Zeit nach der Todesnachricht war alles andere als schön und wir hofften auf bessere Zeiten.

Endlich hatten wir mal wieder gute Nachrichten bekommen. Auf unseren Duldungen stand nach dem Besuch bei der Ausländerbehörde endlich „drei Jahre geduldet".

Und wir durften uns auf die lange ersehnte Suche nach einer eigenen Wohnung machen. Inzwischen durfte Papa auch arbeiten. Meine große Schwester machte ihre Umschulung zur Altenpflegerin.

Unsere Integration machte jetzt endlich deutliche Fortschritte und wir hatten berechtigte Hoffnung.

Auch immer mit Hilfe unseres Glaubens, ohne den wir sicherlich manche Situation so nicht ertragen hätten.

-

Mein schwerer Weg auf der Suche nach einem geeigneten Arbeitsplatz

Im Jahr 2008 konnte ich dann meinen Schulabschluss mit Erfolg absolvieren. Direkt danach machte ich eine Einstiegsqualifikation in einer Arztpraxis. Diese Maßnahme wurde damals vom Arbeitsamt unterstützt und gefördert. Das Arbeitsamt zahlte der Ärztin ca. 320,- Euro monatlich und von diesem Geld sollte ich 200,- Euro bekommen. Das Geld bekam ich aber leider nicht von der Ärztin. Also wieder eine schlechte Zeit für mich und ich war traurig und auch verärgert über das Verhalten der Ärztin. Obwohl es nicht rechtens war, wollte ich aber keinen Stress machen. Man machte mir deutlich, dass ich meinen Arbeitsplatz verlieren könnte, wenn ich mich über die Ärztin beschweren sollte.

Ist das Gerechtigkeit?

Die Tätigkeiten bei meiner Arbeitsstelle machte mir sehr viel Spaß und ich hatte große Freude. Ich liebte meine Arbeit und den Umgang mit den Menschen. Bis ich dann doch Schwierigkeiten mit der Ärztin bekam. Sie versprach mir, dass ich einen Ausbildungsplatz bei ihr bekommen würde und sie war ja auch mit meinen Tätigkeiten sehr zufrieden. Aber als es dann soweit war, nannte sie mir als Bedingung für eine Ausbildungsstelle, dass ich mein Kopftuch ablegen müsse. Ich war sehr traurig. Dieser Forderung konnte ich aufgrund meiner Religion und meines tiefen Glaubens nicht erfüllen. Sie sah doch, dass mir diese Arbeit Freude bereitete und ich meine Arbeit gut machte. Was hatte das denn bitte mit meinem Kopftuch zu tun?

Sehr enttäuscht von der Menschlichkeit dieser Ärztin, hörte ich dann im Sommer 2009 dort mit meiner Arbeit auf. Ich war wieder einmal am Boden zerstört und weinte in dieser Zeit viel. Die Situation betrübte mich. Mir war aber klar, dass ich mit der Entscheidung leben muss und es kein Zurück dorthin für mich geben würde. Ich machte mich also wieder auf die schwierige Suche nach einem neuen Ausbildungsplatz. Ich ging auch wieder zum Arbeitsamt und hoffte dort auf Unterstützung.

Die Sachbearbeiterin war aber nicht begeistert, dass ich die Chance bei der Ärztin nicht genutzt habe, obwohl die Medizinerin mir nicht einmal mein zustehendes Geld ausgezahlt hatte. „Lehrjahre sind keine Herrenjahre", sagte sie etwas mürrisch und schaute mich nur herablassend an.

Diesen für mich sehr deprimierenden Augenblick werde ich nie vergessen und auch nicht die verletzenden Worte, die sie zu mir gesagt hat. Noch heute, wenn ich in Schwierigkeiten stecke, muss ich an diese unschöne Situation mit Verärgerung denken. Ich berichtete der Sachbearbeiterin vom Arbeitsamt, dass die Ärztin mir das ganze Jahr keinen Lohn gezahlt hatte. Die Ärztin bekam daraufhin ein Schreiben vom Amt und mich ereilte ein Schreiben von der Ärztin, welches ich sehr aufgeregt öffnete. Die Ärztin war von meiner berechtigten Beschwerde nicht gerade begeistert und lud mich dennoch zu einem persönlichen Gespräch zu sich ein.

Voller Anspannung ging ich dann mit meiner Schwester noch mal in die Praxis der Ärztin. Gemeinsam gingen wir zur Bank.

Sie überwies mir endlich mein Gehalt. Mein „erstes Gehalt". Ich war überglücklich, weil unsere Familie das Geld ganz dringend gebrauchen konnte.

Zuhause erwartete uns Kinder eine riesengroße Überraschung. „ Wir fliegen nach Hause", sagten unsere Eltern. Wir sprangen in die Luft und freuten uns so sehr.

Wir fliegen nach Herat/ Afghanistan. Das war einfach wunderbar und unbeschreiblich schön für uns!!

Genau zehn Jahre danach, nachdem wir überstürzt, verängstigt und auf Druck die Familie dort zurück lassen mussten. Meine Schwester und ich gingen gleich Einkaufen.

Wir kauften alles ein, was uns für die Reise wichtig war. Ein neues Outfit-Partnerlook, eine neue Kamera und zwei Taschen (die Taschen haben wir heute noch). 400,- Euro gab ich meinen Papa, sonst hätte ich dieses Geld auch noch vor lauter Freude ausgegeben.

Die Freude bis zur Abreise steigerte sich für uns ins Unermessliche und wir konnten es kaum noch erwarten, bis unsere lang ersehnte Reise in die Heimat losging. Endlich brach dann der große Tag der Abreise in unsere Heimatstadt an. Wir hatten viele Koffer dabei. Viele Geschenke und unsere persönlichen Sachen. Wir flogen zuerst nach Mashhad/Iran. Dort leben zwei Tanten von mir. Die Schwestern von meiner Mama.

Nach fünf Tagen in Mashhad packten wir unsere Koffer und machten uns auf dem Weg zu unserem geliebten und unvergessenen Heimatland. Drei Stunden Taxifahrt bis zur Iran/Afghanischen Grenze mussten wir zurücklegen.

Das war uns aber egal. Hauptsache wir konnten endlich mal wieder unsere Heimatstadt besuchen. Auf diesen Moment haben wir so lange Zeit voller Hoffnungen gewartet.

Jetzt war er gekommen und wir konnten es immer noch nicht so richtig glauben. Wir wurden an der Grenze streng untersucht und durchsucht. Es war aber Alles in Ordnung und so konnten wir voller Vorfreude weiter fahren.

Auf der anderen Seite der Afghanischen Grenze sahen wir bereits meinen Onkel, meinen Cousin und den Cousin meiner Mutter mit einem großen Auto. Als wir den afghanischen Boden betreten durften, brachen wir vor Freude und gleichzeitiger Aufregung zusammen und weinten. Wir küssten den Boden und nahmen auch etwas von der heimatlichen Erde mit.

Mein Onkel kam mit großen Schritten auf uns zu und wir beschleunigten unser Geh tempo auch instinktiv. Nach langen und schwierigen zehn Jahren schlossen wir uns alle endlich mal wieder in die Arme. Alle weinten und freuten sich gleichzeitig. Mein Onkel und Papa luden alles ins Auto und wir fuhren los. Auf dem Weg nach Herat kauften wir Wassermelonen und Honigmelonen. Die besten die man dort kriegen kann. Die Landschaften waren so schön und man kann es kaum glauben, dass die Landschaften wie schöne Ölgemälde in wunderschönen Rahmen aussehen. Wie sehr haben wir doch diese Anblicke vermisst und wir konnten uns kaum daran satt sehen.

Genossen so jede Sekunde dieser Anblicke und wir waren im tiefsten Herzen glücklich, das wir das wieder einmal erleben durften. Wir machten unendlich viele Fotos mit unserer neuen Kamera. Endlich sahen wir auch Häuser und viele Geschäfte. Langsam erinnerten wir uns wieder an diesen ursprünglich wunderschönen Ort, der für uns auch heute noch eine ganz besondere Bedeutung hat. Es war schließlich unsere Heimatstadt, in der wir uns auch viele Jahre sehr wohl gefühlt haben. Dann fuhren wir in die Straße, wo wir gewohnt haben und wo unsere Flucht seinen traurigen Anfang nahm.

Vor der Haustür meines Onkels standen alle unserer Verwandten! Wir glaubten nicht was wir sahen, aber so ist es üblich. Alle waren gekommen und standen mit freudigen Blicken da, um uns zu begrüßen. Die Begrüßung war wunderbar und sehr herzlich.

Wir stiegen aus dem Auto und rannten zunächst zu unserer Oma. Wir schlossen Oma herzlich in die Arme und alle anderen Familienmitglieder natürlich auch. Wir hatten so viel nachzuholen. So viele Jahre ohne unsere geliebten Familienangehörigen. Diese Momente waren für uns einfach unbeschreiblich schön.

In der Zeit war vieles passiert. Opa war verstorben, was uns sehr schmerzte. Diese Wunde wird nie heilen. Immer wenn wir uns über Opa unterhalten, kullern auch heute noch bei uns die Tränen. Nach dem wir uns alle etwas von dem rührenden Wiedersehen erholt hatten, besuchten wir Opa.

Opa hatte sich immer gewünscht auf dem Friedhof zu liegen, wo auch sein Vater liegt. Dieser Wunsch wurde ihm erfüllt.

Die Familie brachte uns zu Opas Grab. Uns war es sehr wichtig, dass wir Opa gleich an dem Tag besuchten, an dem wir nach so vielen Jahren in unserer Heimat angekommen sind. Wir waren da, bei Opa. Endlich! Wir konnten uns nicht mehr zurück halten und stürzten uns auf sein Grab. Wir weinten und wir wollten nicht mehr vom Grab meines geliebten Opas weichen. Auf den Friedhof war eine kleine Moschee. Dort gingen wir hin und beteten intensiv und sehr lange.

Wir spendeten etwas und fuhren wieder zurück zu meinem Onkel.

Dieser Besuch bei Opa hat uns unendlich viel bedeutet und wir waren überglücklich, dass wir unseren Großvater wenigstens auf dem Friedhof besuchen konnten, wo sein Leib jetzt frei von jeglichen Schmerzen die ewige Ruhe in Frieden finden konn-te.

In unmittelbarer Nähe dieser Ziarat (Moschee) hat mein Opa seine Ruhestätte gefunden.

In der Zeit unseres Friedhofbesuches bereiteten unsere Tanten das Essen vor. Es gab alles was das Herz begehrt und es schmeckte wie früher sehr köstlich. Nach dem Essen gingen wir mit meine Cousins und Cousinen nach Draußen und die Erwachsenen waren in Ruhe unter sich.

Wir tauschten uns aus und jeder hatte enorm viel zu erzählen. Vor lauter Neuigkeiten und Informationsfluss wussten wir überhaupt nicht, wo wir mit unseren Erzählungen anfangen sollten. Es war aber unbeschreiblich schön und wir genossen die Zeit mit unseren Lieben. Die Zeit die wir in Afghanistan waren verging aber leider wie im Fluge und die Koffer waren schon bald wieder gepackt.

Zurück nach Deutschland fiel uns sehr schwer, obwohl wir ja dort in Sicherheit leben durften und schon gute Integrationsfortschritte gemacht haben. Wieder alle geliebte Personen zurück lassen und Abschied zu nehmen, das fiel uns schon sehr schwer.

Diesmal konnte ich mich aber bei Allen persönlich verabschieden und das tröstete mich ein wenig in meinem Abschiedsschmerz.

In Hamburg erwartete mich mein Praktikum in einer neuen Arztpraxis. Dieser neue Versuch zur Absolvierung eines Praktikums war aber leider nicht von langer Dauer. Nach nur zwei Tagen musste ich mich geschlagen geben. Ein Mädchen mit Kopftuch hatte es zu dieser Zeit in Deutschland auch sehr schwer und einen guten Arbeitsplatz zu bekommen war noch viel schwerer.

Der Arzt wollte mich sprechen. Ich sollte in der Mittagspause zu ihm ins Büro kommen.

Er sagte, wenn ich mein Kopftuch ausziehen würde könnte ich hier sofort mit der Ausbildung zur Medizinischen Fachangestellte anfangen. Ich ging kommentarlos und schaute nicht zurück. Ich fragte mich, ob ich ohne Kopftuch meine Arbeit besser machen würde als mit…?

Die Frage blieb wieder unbeantwortet und ich ärgerte mich über die ablehnende Haltung des Mediziners (der sogar mein Landsmann war), der doch eigentlich den

Menschen helfen sollte und sich durch seinen hippokratischen Eid auch dazu verpflichtet hat. Ich sehe die Hilfe nicht nur bei körperlichen Problemen, sondern auch bei seelischen und sozialen Problemen.

Wo genau lag denn nun das Problem für den Arzt? Ich mache gute Arbeit, bin nett, menschlich und fürsorglich zu den Menschen.

Wieso soll das denn nicht mit Kopftuch gehen?

Da sind wieder die Fragen, die mir immer wieder große Sorgen bereiten und worauf ich bis heute keine vernünftigen Antworten bekomme.

Nach drei Monaten Arbeitslosigkeit bekam ich endlich einen neuen Termin beim Arbeitsamt. Ich war so froh, dass sie mir bei diesem Beratungsgespräch dann sagten „Frau Jafari, wir haben einen Job für sie". Ich sollte mich am 22. Januar 2010 in Hamburg Ohlsdorf für diese geplante Anstellung persönlich vorstellen.

Ich ging erwartungsvoll hin und wieder erwartete mich völlig was Anderes, als es mir zugesagt wurde. Es waren auch andere junge Erwachsene dort.

Alle warteten lange und gespannt auf ihr Vorstellungsgespräch.

Dann plötzlich wurden Alle zusammen aufgerufen. Wir gingen der Ausbilderin hinterher. Wir gingen in einen Klassenraum und eine sogenannte Lehrerin stellte sich uns vor. Dann wurde uns klar, wo wir gelandet waren.

Wir waren in einen sogenannten „Ausbildungsvorbereitungskurs" gekommen. Diesen Begriff haben wir untereinander für die vorgefundene Situation gewählt.

Schnell befreundeten wir uns und es machte uns großen Spaß. Wir hatten endlich wieder was zu tun.

Es gab viele verschiedene Kurse, die uns angeboten wurden. Uns wurde gesagt, dass man sich viele Kurse aussuchen könnte, um sich dann endgültig für seine Wunschausbildung zu entscheiden. Mir war zu diesem Zeitpunkt eigentlich klar, dass ich eine Ausbildung zur Medizinischen Fachangestellte nicht mehr machen wollte, obwohl ich viel Freude daran hatte. Meine negativen Erlebnisse hatten mich zu sehr erschüttert.

Ich wusste nicht welchen anderen Beruf ich sonst erlernen sollte.

Weil ich bereits viel Erfahrung im medizinischen Bereich hatte, hab ich mich doch noch mal für den Beruf der Medizinischen Fachangestellten entschieden. Also ging die Suche nach einer geeigneten Praxis für mich weiter, wo ich in meinem Wunschberuf eine gute Ausbildung machen könnte. Irgendwie spürte ich in mir drin etwas und ich entschied kurzfristig dann wieder, diesen Job doch nicht ausüben zu wollen. Ich war irgendwie hin und hergerissen, weil die Arbeit in der Medizinbranche mir viel Spaß bereitete und ich viele Menschen dadurch kennen gelernt habe. Meine Begeisterung über die Medizinbranche lag vermutlich auch daran, dass meine Familie viel Leid erlebt hat und es deshalb ein großes Bedürfnis von mir war, mit meiner Hilfe das Leid meiner Mitmenschen zu mildern.

Auch viele Freundschaften habe ich in dieser Zeit geschlossen und vielen Menschen habe ich in meinen Pausen mit Übersetzungen geholfen.

Ein erneuter Termin beim Arbeitsamt öffneten mir dann endgültig meine Augen. Diesmal ging es um die Pflegeberufe und die Frage, ob ein Beruf in der Pflege für mich interessant wäre. Ich wollte eigentlich nie in die Pflege. Meine große Schwester Saleheh hat viel Berufserfahrung in der Pflege, aber ich konnte mir das irgendwie nicht so richtig vorstellen.

Das Gespräch mit der neuen Sachbearbeiterin hörte sich so gut an, das ich den inneren Drang hatte und mich mehr über das Thema Pflege und Pflegeberufe informieren wollte. Bei meiner Recherche kam ich zu dem Ergebnis, das dieser Job so vielfältig war, dass ich es mit diesem Tätigkeitsbereich doch mal versuchen wollte.

Ich kam wieder nach Ohlsdorf und benachrichtigte meine zuständigen Sozialmitarbeiter über meine weiteren beruflichen Planungen. Wir schrieben zusammen 15 Bewerbungen. Ich schickte meine Bewerbungen in einer Woche los. Und es vergingen nur wenige Tage und mir flatterten erfreulicherweise gleich mehrere Zusagen auf dem Postwege zu, was doch die Nachfrage nach Pflegekräften dokumentierte. Auch heute ist diese Nachfrage sehr groß und es mangelt an guten Pflegekräften.

Ich zögerte nicht lange, entschied mich dann für ein Unternehmen und trat nach nur drei Monaten in Ohlsdorf mein Praktikum in einem Pflegeheim an. Menschen zu helfen war für mich kein Neuland, aber diese Art zu helfen kannte ich nicht. Ich hatte mich für vier Wochen unbezahlten Praktikum beworben. Nach nur zwei Wochen wurde ich zum Gespräch bei der Pflegedienstleitung eingeladen. Ich bekam einen Ausbildungsplatz.

Ich war überglücklich einen Job bekommen zu haben und das Pflegeheim hatte erfreulicherweise kein Problem mit meinem Kopftuch, welches ich aus Glaubensgründen niemals als Bedingung für einen Arbeitsplatz ablegen würde.

Umso glücklicher war ich jetzt, weil ich wusste, dass zu dieser Zeit es für Mädchen und Frauen mit Kopftuch sehr schwer war einen Arbeitsplatz zu finden. Ich nahm deshalb das Angebot dankend mit Freude an. Die zwei Jahre waren so lehrreich, dass ich noch bis heute großen Spaß an meiner Arbeit als Pflegekraft habe.

Die Pflegebedürftigen schätzten meine Arbeit, meine ruhige und liebevolle Art und bisher störte sich kein Pflegebedürftiger an meinem Kopftuch. Im Gegenteil. Ich wurde und werde von vielen Bewohnern des Heimes gerne gesehen und die Bewohner mögen mich. Auch ich mag die Menschen und so haben sich schon viele herzliche Beziehungen zwischen Pflegebedürftigen und mir aufgebaut. Darüber bin ich sehr dankbar und ich versuche stets mein Bestes für die Bewohner zu geben.

Nach meinem erfolgreichen Ausbildungsabschluss konnte ich weiter in dem Pflegeheim arbeiten und so war ich dort bis im Jahr 2015 pflegerisch tätig und hatte stets große

Freude, dass ich hilfsbedürftigen Menschen ein wenig das Leben durch meine Hilfen erleichtern konnte.

Da die Arbeitsbedingungen in diesem Heim leider immer schlechter wurden suchte ich mir einen neuen Wirkungskreis und so fing ich Ende 2015 in einem neuen Pflegeheim in Eppendorf an. Die Arbeit macht mir dort ausgesprochen große Freude. So eine gute Arbeit würde sich glaube ich Jeder wünschen. Ich arbeite dort mit demenzkranken Menschen, was sicherlich keine leichte Aufgabe ist. Wir haben aber tagtäglich viel Freude und Spaß zusammen.

Wir backen beispielsweise, kochen, gehen zusammen spazieren oder picknicken. Mir bedeutet die Arbeit mit diesen Menschen sehr viel und ich schätze jeden einzelnen Patienten als Mensch und habe vor seiner persönlichen Lebensleistung große Hochachtung.

Die Heimbewohner mögen mich und das macht mich sehr glücklich.

So gesehen habe ich jetzt meinen beruflichen Weg gefunden und wünsche mir noch viele Jahre, dass ich Menschen helfen kann und pflegerisch tätig sein darf.

Bereits Anfang 2014 beantragte ich mit meiner Schwester den deutschen Pass. Nach einigen Monaten Bearbeitungszeit wurden wir dann eingeladen die Pässe abzuholen. Endlich! Auch, wenn wir feste Arbeitsplätze hatten, war es dennoch kritisch für uns Flüchtlinge einen deutschen Pass zu bekommen. Ich fühlte mich mittlerweile eigentlich nicht mehr so sehr als Flüchtling in Deutschland. Mit meiner Integration war ich glücklicherweise zufrieden und so machte mir das Leben in Deutschland auch viel Freude.

Das Wichtigste war für mich und meine Familie weiterhin die Sicherheit in Deutschland. Wir waren überzeugt, dass wir die anderen Rahmenbedingungen irgendwie hinbekommen würden und irgendwann die Zeit kommen würden, wo wir von einer vollständigen Integration sprechen könnten. Das war unser Ziel und wir arbeiteten hart daran. Auch heute bemühen wir uns noch für weitere Fortschritte. Meine Eltern haben bedauerlicherweise bis heute keine deutschen Pässe zugesprochen bekommen. Und das, obwohl mein Papa sehr viel in Deutschland arbeitet und auch sehr bemüht ist, das uns die vollständige Integration in „unserer neuen Heimat" irgendwie gelingt.

So ist unser Vater auch stets bemüht, dass es meiner Mutter und uns Töchtern gut geht. Dafür lieben wir ihn auch von Herzen und sind stolz auf ihn. Viele Leute fragen sich, warum mein Papa denn so viel arbeitet.

Er ist ein einfach ein Kämpfer und möchte nicht anderen Personen auf der Tasche liegen und auch kein Geld von Ämtern ohne Gegenleistungen in Empfang nehmen. Er möchte einfach mit ehrlicher Arbeit ehrliches Geld verdienen, welches er dann auch mit guten Gewissen frei für sich und seine Familie verwenden kann.

Er sagt immer, als wir hier neu waren wollten wir arbeiten- aber durften nicht- und jetzt wo wir arbeiten müssen, sollen wir nicht …!?

Mein Papa klopft mir immer wieder mal auf meine Schultern und sagt „ja mein Kind, ich sehe das du hart arbeitest- also kannst du auch seelenruhig dein verdientes Geld ausgeben."

Gleichzeitig erinnert er mich aber auch daran, dass ich nicht die schwächsten Menschen dieser Gesellschaft vergessen soll. So hat er uns halt erzogen.

 Deshalb spende ich auch im Rahmen meiner Möglichkeiten immer wieder mal Geldbeträge an hilfsbedürftige Menschen und erinnere mich dabei an unsere Flucht und wie schwer wir es doch viele Jahre hatten.

Wir waren während der Flucht und auch in Deutschland über jede Hilfe von anderen Menschen dankbar und deshalb macht es mir auch so viel Freude anderen Menschen zu helfen. Wenn ich dann noch das Lächeln der hilfsbedürftigen Menschen sehe, ist das für mich großer Dank genug und Anerkennung zugleich.

Rückschläge – bittere Enttäuschungen - wunderbare Freundschaften

Trotz meiner beruflichen guten Integration musste ich zwischendurch privat und auch beruflich viel durchmachen und blieb auch nicht von Rückschlägen und bitteren Enttäuschungen verschont. Die Menschen die mich kennen und dieses Buch lesen, wissen was ich in dieser Zeit Alles durchmachen musste und wie ich trotz vieler Widrigkeiten wieder im Leben Fuß fassen konnte.

In den schweren Zeiten gab mir meine Familie, viele Freunde und meine Arbeit immer wieder Mut, um weiter zu machen.

In all dieser Zeit war der liebe Gott mein ständiger und treuer Begleiter, der mich stärkte und stets geholfen hat die nicht immer einfachen Situationen einigermaßen zu überstehen.
Der liebe Gott ist eigentlich immer mein Begleiter und der tiefe Glaube stärkt mich ganz enorm.

Als ich im Jahre 2012 mit meiner Mama eine Reise nach Mekka/Medina- Pilgerfahrt angetreten bin, versprach ich mir selbst, immer an meinem Glauben festzuhalten, denn dieser Glaube stärkt mich durch und durch. Ich kann mir ein Leben ohne diesen Glauben überhaupt nicht mehr vorstellen und das ist auch gut so. Zwar war ich vor dieser Pilgerfahrt auch schon gläubig, aber seit dem Zeitpunkt verpasse ich keine gläubigen Rituale mehr.

Diese wunderschöne Pilgerfahrt mit meiner tapferen Mama war ein ganz besonderes Erlebnis für mich und eines meiner schönsten Momente seit ich nun hier in Deutschland bin.

Hier bin ich mit meiner lieben Mama auf dem Weg zum Heiligen Mekka.

Hier bin ich an einem ganz besonderen Ort. Das ist die erste Moschee im Islam, die in Medina (Saudi-Arabien) prunkvoll erbaut worden ist. Dort ist Prophet Mohammad (s.) würdevoll begraben. Er ist für uns gläubige Muslime der Religionsstifter des Islams und er gilt als Prophet und Gesandter Gottes. In Medina hat er seine letzte würdevolle Ruhestätte gefunden, wo alljährlich mehrere Millionen Muslime die sogenannte Hadj-Reise antreten. Ich habe als Kind immer meinem Opa versprochen mit ihm die Pilgerreise anzutreten. Leider konnten wir das gemeinsam nicht mehr verwirklichen. Als ich im Oktober 2012 an der beeindruckenden Heiligen Stätte war, nahm ich dorthin seinen Gebetsring mit, den ich während der Reise immer an meiner rechten Hand in seinem Andenken trug

(siehe Bild). Insofern war auch ein Teil von Opa dabei, was mein Herz sehr berührte.

Der Islam ist eine sehr friedvolle Religion, leider wird aktuell diese Glaubensrichtung sehr überbeschattet von den gewaltvollen Aktionen der IS (Islamischer Staat). Ich erlebe viel Unschönes, was mir nicht gefällt und was mich zutiefst betrübt.
Aber was soll ich persönlich dagegen machen. Leider werden oft in der aktuellen Diskussion über die abscheulichen Taten der IS alle Islamisten in eine Schublade gesteckt und die Schublade wird ohne den Einzelfall zu betrachten einfach zugemacht. Das ist unfair! Deshalb fühle ich mich momentan auch nicht sehr wohl in meiner Haut. Und ich glaube, dass sich so viele meiner Landsleute fühlen und im Grunde nur das Beste für ihre Mitmenschen wollen.

Krieg, Gewalt und Hass sind den meisten Landsleuten nämlich fern und deshalb fühlen sich viele aus meiner afghanischen Heimat durch Vorurteile ungerecht behandelt. Gerade mit dem Tragen unserer Kopftücher gibt es immer wieder Diskussionen in der Öffentlichkeit. Erst vor kurzer Zeit als ich von der Arbeit mit dem Fahrrad nach Hause fuhr, wurde ich von einer älteren Dame einfach so ohne Grund beschimpft.
Eigentlich hätte ich vom Fahrrad absteigen müssen und mit der älteren Dame sprechen sollen, weshalb sie mich grundlos beschimpft. Die Dame kannte mich nicht, also warum erlaubte sie sich, mich zu beschimpfen…!? Ich fuhr aber weiter, um mich nicht unnötig ärgern zu müs-

sen. Ich bin sehr verletzlich und mache mir meine Gedanken warum das heute noch so ist. Wieso haben die Menschen nur immer solche ungerechten Vorurteile?

Überall wenn ich unterwegs bin werde ich oft irgendwie komisch angeguckt. Warum eigentlich? Ob es im Bus oder draußen auf der Straße ist. Immer diese Blicke! Muss das denn sein?

Ich habe gelernt mit vielen Dingen des täglichen Lebens umzugehen, auch wenn es sehr schwer ist. Aber ich habe es glücklicherweise gelernt.

Solche unschönen Situationen wie mit der älteren Dame verletzten mich aber immer wieder aufs Neue und ich bin dann schon sehr traurig. Dann kullern auch wieder mal Tränen!

In all den Jahren bin ich vielen Menschen begegnet, einige Freunde gingen und einige Freunde blieben. Sehr zu meiner Freude. Über diese tollen Freundschaften bin ich sehr froh. Diese wunderbaren Freundschaften führe ich mit Robert, Udo, Anina, Jörn, Lena und Gitee. Die genannten und natürlich auch die ungenannten Freunde sind mir wichtig und in meinem Herzen tief verankert.

Robert lernte ich kurz nach meiner Ausbildung kennen. Wir waren gleich auf einer Wellenlänge.

So verstanden wir uns blind. Wir beide machten gute Arbeit und leiteten oft eine Station auf der Arbeit. Robert sieht alles, was andere nicht auf den ersten Blick sehen. Er sieht und handelt sofort. Er steht mir immer mit Rat und Tat zur Seite und ist jederzeit uneingeschränkt bereit zu helfen. Ich bin Robert so sehr dankbar für diese ganz tolle Freundschaft.

Und da gibt es noch Udo. Udo habe ich durch eine gute Freundin kennen gelernt. Damals schrieb mir Udo über Facebook eine Nachricht. Seitdem sind wir beste Freunde. Er versteht mich. Ich brauche nicht immer um den heißen Brei zu reden. Udo ist immer da. Er greift mir immer unter die Arme wenn es mal wieder schwierig wird. Egal in welchen Schwierigkeiten ich auch stecke, er ist einfach da und darüber bin ich ihm dankbar.
Vielleicht liegt es daran, das er beim Zugunglück von Eschede verunglückte und selbst viel Schlimmes durchleben musste. Über seine schrecklichen Erfahrungen hat er das Buch „Zugunglück von Eschede überlebt" (ISBN 3-8330-0806-7) geschrieben, welches mich tief bewegt hat und als Ratgeber für ähnliche Schicksalsschläge zu empfehlen ist.

Udo reist mehrmals im Jahr von seinem Wohnort in der Nähe von Fulda nach Hamburg, damit wir uns regelmäßig sehen und austauschen können. Umso schöner ist es für mich, wenn wir zu meinen Eltern fahren und meine Eltern Udo auch wieder sehen.
Udo ist wie ein Bruder für meine Mutter. Sie ist dankbar für diese Freundschaft! Als meine Mutter sagte, dass Udo für sie „Bruder" ist, freute sich Udo sehr über dieses höchste Lob, den wir einem Freund machen können.

Grußworte von Udo zur Herausgabe meines Buches:

Eigentlich völlig ungeplant und quasi durch Zufall habe ich zu Sedi über das weltgrößte Online-Community Facebook Kontakt bekommen. Über diese Kontaktaufnahme bin ich heute sehr dankbar und ich bin glücklich, dass ich Sedi und ihre Familie in meinem Leben kennenlernen durfte. Glücklich und dankbar bin ich auch darüber, dass wir nun seit Jahren eine gute und ganz besondere Freundschaft pflegen. Zwischen Sedi und mir hat sich in kurzer Zeit so ein wunderbares Vertrauensverhältnis gebildet, welches sich Freunde eigentlich nur wünschen können. Diese Freundschaft ist einfach einzigartig und erfüllt mich mit innerer tiefer Freude. Sedi ist so ein liebevoller, verständnisvoller und herzlicher Mensch. Noch bevor ich Sedi und ihre Familie persönlich kennen gelernt habe, durfte ich die bewegende Fluchtgeschichte von Sedi´s Vater lesen. Die Aufzeichnungen haben mich menschlich tief berührt und mein persönliches Verhältnis zu der jahrelang andauernden Flüchtlingswelle verändert. Sedi hatte mir in zahlreichen persönlichen Gesprächen viel von ihren Fluchterlebnissen und viel über das Schicksal ihrer Familie erzählt.
Ich habe größten Respekt und Hochachtung vor Familie Jafari und freue mich von Herzen, das es Sedi und ihrer Familie mittlerweile gelungen ist, das sie sich in Deutschland gut integriert haben. Selten habe ich so liebenswürdige Menschen in meinem Leben getroffen, die mich stets mit viel Herzlichkeit in Hamburg begrüßen und wo ich immer so verwöhnt werde als ob ich zur Familie gehören würde. Ich bewundere den großartigen und tollen Fami-

lienzusammenhalt von Familie Jafari und finde es vorbildlich, wie sich die Familie mit viel Fleiß und mit großartiger Menschlichkeit in Deutschland integriert hat. Bei einem meiner schönen Besuche in Hamburg habe ich Sedi zur Herausgabe dieses Buches motiviert und es hat mir wirklich große Freunde bereitet, dass ich Sedi bei der Verwirklichung ihres Buchprojektes hilfreich zur Seite stehen konnte. Deshalb ist die Herausgabe dieses Buches für mich auch ein Geschenk.

Hoffe und wünsche mir, dass dieses Buch ein wenig dazu beiträgt, dass Vorurteile gegenüber Flüchtlinge abgebaut werden können und dass mehr Verständnis für die tragische Flüchtlingssituationen bei den Menschen geweckt wird. Sedi und ihre Familie habe ich trotz der weiten Entfernung zu Hamburg in mein Herz geschlossen und deshalb freue ich mich tagtäglich, dass ich die Chance hatte, dieser großartigen Familie in meinem Leben zu begegnen. Wünsche Sedi und ihrer ganzen Familie weiterhin stets gute Gesundheit, besonders Frieden, Glück und Wohlergehen. Diese Familie hat nach all den schrecklichen Erlebnissen ein gutes und sicheres Leben in Deutschland mehr als verdient.

Herzlichst, Udo

Udo und ich bei einem seiner Besuche in Hamburg

Anina lernte ich kurz nach meiner Ausbildung an meiner Arbeitsstelle kennen und sie war immer eine liebe und treue Freundin. Auf sie konnte ich mich jederzeit und ich kann mich heute noch auf sie verlassen.

Jörn, der „alte Kämpfer" ist ein ganz wunderbarer Freund von dem ich viel lernen konnte. Als ich ihn vor zwei Jahren an meiner Arbeitsstelle kennen lernen durfte, habe ich ihn spontan in mein Herz eingeschlossen.

Lena lernte ich ebenfalls durch meine Berufliche Tätigkeit als Altenpflegerin kennen. Sie ist eine ganz liebe und fürsorgliche Freundin, mit der ich schon viel in Deutschland erlebt habe.

Gitee habe ich der der Belal Moschee in Wandsbek (Ortsteil von Hamburg) kennen gelernt. Sie war mir auf Anhieb symphytisch. Wir beide haben auch schon sehr viel gemeinsam erlebt und schwierige Situationen zusammen gemeistert.

Jeden Tag verbringen wir mit der schrecklichen Erinnerung an unsere Flucht und die Gedanken was wir für ein gutes Leben aufgrund der schlimmen Kriegswirren plötzlich zurücklassen mussten , um ein sicheres und besseres Leben in einem Land führen zu dürfen, wo die Menschen unversehrt und in Frieden leben können. So einen eigentlich „normalen Zustand" hätten wir uns auch in unserer schönen Heimatstadt Herat in Afghanistan so sehr gewünscht.

Unabhängig von unseren Erinnerungen an die Heimat, die uns heute noch sehr am Herzen liegt, sind wir dankbar, dass wir wohlauf sind und es uns nach all den schrecklichen Erfahrungen einigermaßen gut geht. Wir leben und arbeiten nun in der traumhaften Hansestadt Hamburg. Jeden Tag aufs Neue genießen wir die unbeschwerte Zeit, wo wir nicht ständig mit der Angst leben müssen und nun ein friedliches Leben führen zu dürfen, welches sich eigentlich jeder Mensch aus tiefstem Herzen auch wünscht.

Obwohl wir heute natürlich auch noch mit Alltagsproblemen zu kämpfen haben und wir uns nicht als reich bezeichnen können, sind wir glücklich und dankbar überhaupt zu leben. Wir haben unser Hab und Gut und die geliebte Familie plötzlich zurück lassen müssen und diese Tatsache ist für uns auch heute noch sehr hart.

Dafür haben wir aber neue Freundschaften in Deutschland geschlossen und viele Bekannte auch wieder getroffen. Ohne Zweifel vermisse ich die Familie und unsere Freunde in Afghanistan und voller Heimweh denke ich oft an diese leben Menschen. Leider macht mir der Gedanke für einen Besuch in der Heimat schon solche unsagbare Angst, dass ich mittlerweile schon fast sieben Jahre nicht mehr dort war. Es gibt wirklich keinen Tag, dass ich nicht daran denke, wie es gewesen wäre, wenn wir dort geblieben wären.

Dabei male ich mir gedanklich aus, wie mein Leben zusammen mit der ganzen Familie in Afghanistan verlaufen wäre.

Wie es wohl wäre mit all den Cousin und Cousinen in unserem wunderbaren Haus aufgewachsen zu sein? So eine und viele andere Fragen beschäftigen mich, wenn ich auf mein früheres Leben zurückblicke. Das macht mich dann auch traurig und Tränen kullern mir durchs Gesicht.

Ich weiß noch ganz genau, dass wir als Mädchen in unserer Heimat nicht zur Schule gehen durften. Aus diesem Grund hatten unsere Eltern uns eine Privatlehrerin engagiert.

Ob wir dort irgendwann hätten eine Lehre machen könnten…? Hmmm… Fragen über Fragen, die mich auch heute noch tief im Herzen bewegen!

Meine Eltern hätten sicherlich alles Machbare in Erwägung gezogen, um uns Kindern auch in Afghanistan ein menschenwürdiges und gutes Leben zu ermöglichen. Da bin ich mir hundertprozentig sicher. Leider ist es aber als Frau in diesem kriegerischen Land sehr schwer „Fuß" zu fassen und so ist es sehr schwierig für Frauen ein selbstbestimmtes Leben zu führen. Auch dieser Zustand macht mich immer wieder traurig.

Umso mehr bin ich heute glücklich und froh, hier in Hamburg zu sein.

Ich bin meiner Familie so unendlich dankbar. Ganz besonders meinen lieben Eltern.

Sie haben es uns Kinder ermöglicht, dass wir hier nun unser eigenes Leben führen können und unsere eigenen Wege in Frieden gehen können. Meine Eltern haben für die Sicherheit und den Frieden ihre Arbeit, ihr Haus und all das was ihnen in Afghanistan wichtig war, hinter sich gelassen.

Meine Eltern sind wie zwei gute Freunde für uns Kinder. Wir können über alles mit ihnen reden. Wir führen zwar schon eine normale Vater/Mutter/Kind Beziehung. Wenn es aber darauf ankommt sind wir wie beste Freunde zueinander. Ich bin ihnen auch deshalb lebenslang dankbar und möchte meinen Eltern auch auf diesem Wege sagen, dass ich sie sehr liebe und unendlich schätze.

Meine geliebten Eltern und Ich

Meine zwei Schwestern Salehe und Sakinah liebe ich ebenfalls von ganzem Herzen und ich bin glücklich, dass ich sie habe.

Meine große Schwester Salehe arbeitet heute mit mir in Eppendorf. Sie ist mit einem wundervollen Mann verheiratet.

Salehe mit ihrem Ehemann Majid und die kleine Maus

Salehe hat nun eine kleine Prinzessin, die ich schon sehr in mein Herz geschlossen habe und mit ihr darf ich auch viel Zeit verbringen.

Unser Goldstück, Sonnenschein und die Liebe unseres Lebens. Yoshra Sophia heißt meine liebe Nichte, mit der ich viel Zeit verbringe.

Sakinah heißt meine jüngere Schwester. Die „Kleine" bereist die ganze Welt und fühlt sich eigentlich überall auf dieser Welt wohl. Sie ist jedem Menschen und allen Situationen gegenüber sehr offen. Von ihr müsste ich mal ein „paar Scheiben" abschneiden.

Ich möchte mich mit diesem Buch und meinen Aufzeichnungen bei Euch allen aus tiefstem Herzen bedanken.

Danke, dass es Euch gibt.

Danke, dass ihr immer da seid.

Danke, dass ihr immer das Beste aus den Situationen macht.

Ganz Besonders bedanke ich mich aber bei meinen Eltern, meinen Geschwistern und bei meinem Schwager, dass sie immer hinter mir stehen und mich nie alleine lassen.

In großer Liebe und Dankbarkeit
Sediqheh Jafari

Schlusswort

Verzeihen Sie mir bitte, wenn die Wortwahl, Grammatik und der Satzbau dieses Buches vielleicht nicht so fachmännisch sind, wie sie dies üblicherweise aus anderen Büchern kennen. Verzeihen Sie bitte, wenn der Text nicht korrekt nach den Neuerungen der deutschen Rechtschreibreform verfasst ist. Der Text wurde aber bewusst nicht von einem ausgebildeten Lektor überarbeitet und korrigiert. Ich hoffe, dass Sie trotzdem den Inhalt verstehen können und sich nicht an Fehlern in der Rechtschreibung stören. Mir geht es als Verfasserin ja auch vielmehr darum, das Sie als Leser sich etwas in die großen Schwierigkeiten der Flüchtlinge hinein versetzen können und einmal direkt erfahren, wie ein Flüchtling bzw. eine Flüchtlingsfamilie so eine dramatische Flucht erlebt. Verzeihen Sie mir deshalb bitte den ein oder anderen Rechtschreib-, Satzzeichen oder Satzbaufehler. Herzlichen Dank!

Seit längerer Zeit war es mir ein Herzenswunsch, meine Erlebnisse mal aufzuschreiben (von der Seele zu schreiben) und der Öffentlichkeit zugänglich zu machen. Leider kann ich aus finanziellen Gründen kein hochwertiges Buch veröffentlichen und Fachleute mit der Buchgestaltung beauftragen. Daher bin ich froh, dass es über „Bod" (Books on Demand GmbH Norderstedt) die Möglichkeit gibt ohne finanziellen Aufwand ein Buch zu veröffentlichen.

Mir geht es auch nicht darum, Gewinn aus dieser Buchveröffentlichung zu erzielen. Vielmehr würde ich mich freuen, wenn ich durch diese Lektüre die Leser über die Problematik der Flüchtlinge informieren kann. Über Anregungen und Rückmeldungen aus der Leserschaft zu meiner Geschichte würde ich mich sehr freuen.

Hoffe und wünsche mir   daher, das es mir mit diesen einfachen Aufzeichnungen und anhand meiner bzw. unserer persönlichen Fluchtsituationsschilderung einigermaßen gelungen ist, das Sie als interessierter Leser die Situation von Flüchtlingen besser verstehen können und auch Verständnis dafür zeigen, wenn Menschen in großer Not flüchten, um in einem sicheren Land Schutz zu finden.

Hoffe und wünsche mir weiterhin von ganzem Herzen, das die noch immer andauernde Flüchtlingskatastrophe sich baldmöglichst abmildert und das auf Dauer hier eine gute und besonders eine menschenwürdige Lösung gefunden werden kann. Den Menschen in den Flüchtlingsgebieten und auch in den zahlreichen Flüchtlingsunterkünften wünsche ich von Herzen einen baldigen Frieden, viel Gesundheit und alles erdenklich Gute. Hoffe, dass die Politiker der mit Krieg bedrohten Länder endlich zur Vernunft kommen und auf Dauer Frieden geschlossen werden kann, damit die Menschen ein friedliches und menschenwürdiges Leben genießen können. In Deutschland wünsche ich mir Politiker, die menschenwürdige Entscheidungen treffen und die zahlreichen unschuldigen Flüchtlinge auch als Menschen in Deutschland respektieren und ihnen in ihren oft verzweifelten Situationen helfen.

Gott möge Sie segnen, alle Menschen allzeit beschützen und Frieden auf diese so wunderschöne Erde senden. Das Friedenslicht soll auch bei Ihnen und für Sie leuchten. Lieben Dank, das Sie sich die Zeit zum Lesen dieses Buches genommen haben.

Ich bin so glücklich, dass ich nun in Frieden in der schönen Hansestadt Hamburg das Leben einfach nur leben
darf! Danke für alle schönen Lebensmomente!

Sedi in Hamburg